內心荒涼地帶起風了

關於「創傷與精神官能症」：
精神分析對
團體心理治療的想像

我們相信，無風不起浪，
在人生旅途的波折顛簸裡，
我們在尋找風……

感謝與致敬
當年北市療團體心理治療啟蒙者
陳登義醫師

目　錄

推／薦／序

同步共振剝洋蔥
相互照鏡激成長

陳俊鶯

　　結識作者蔡榮裕醫師，是1998年赴英參加在倫敦舉辦的第十三屆「國際團體心理治療學會年會暨國際研討會」，當時他正在那裡進修精神分析；對他的感覺就是，台灣純樸好學的年輕醫師，跑到遙遠的國度，學習時髦的專業。20多年後的今天，果然繼「思想起」之後，又有「起風了」，見識到他如何將西方的精神分析學說，運用到個人探索乃至團體體驗，並且發揮本色，將之本土化。

　　本書第一部分〈內心荒涼地帶起風了：精神分析對團體心理治療的想像〉，闡述團體心理治療的進行。透過團體成員間及成員與治療師間的互動過程，成員外在的行為有〈起風了六因子〉中的三項，是比昂（Bion）提出的「依賴」、「配對」和「打帶跑」團體動力因子，而帶來了成員內在「無力感」、「無助感」和「無望感」，也是〈起風了六因子〉中的另

外三項。從亞隆（Yalom）團體歷程的「此時此地」引發成員個人的「彼時彼地」，而成員將彼時彼地與彼人關係的內在情感，投射於團體歷程中的此時此地此治療師或此團體成員；克萊茵（Klien）認為早期的焦慮和恐懼，會影響以後的客體關係。

　　在團體歷程中，成員個體與客體的關係以移情的方式轉移到治療師身上，治療師要對這些移情了然於心，讓早期被內化到成員生活中的客體和內在衝突再次外化，待同步形成團體主題（group issue）後，再催化團體互動體認領會，通過修正內化的客體，減輕成員的內在焦慮。如此就進化到了，再次由團體的「此時此地」回到成員個人的「彼時彼地」。

　　前述的團體歷程其實並不容易，這與團體氛圍讓成員的〈起風了三態度〉：「無可了解」、「無可確定」、「無可撫慰」的強度浮現息息相關，加以團體成員達到同步，就得仰賴治療師的技巧功力包括〈起風了七夢思〉：feeling/thinking/dreaming/linking/digesting/playing/living，且不斷帶領營造安全信任的氛圍，才可能達到共振，乃至於剝洋蔥。更何況團體成員一起剝，走向精神分析說的客體投射、體認、領會、通過修正內化的客體等等，恐非幾個月幾十次療程可達成的。

　　誠如本書文中所提，一人走一大步，不如眾人同

走一小步，的確，團體歷程成員進化的力量，可來自亞隆的團體療效因子：包括團體初期的普同感（universality）、利他（altrulism）及凝聚（cohesiveness）等；與中後期的人際學習（interpersonal learning）、家庭重現（family reenactment）、仿同（identification）及存在感（existential factor）等，與個別治療的來源有所不同。然而，這治療歷程尤其有目標有進化且漫長，所以的確需有忍功配合，而作者提出了〈起風了六忍耐〉：力忍/忘忍/反忍/觀忍/喜忍/慈忍，有趣地是，忍功也可從被動被迫的強忍，慢慢進化到體悟後的積極慈愛的堅忍。

本書另一篇〈從悲慘到幸福的路上，需要多少活下去的創意？初談松德院區精神官能症治療與訓練模式的夢想〉，闡述在松德院區的日間病房，建構一個以治療、訓練和研究為方向的精神官能症特殊處遇方案的模式，包括精神分析取向和其它取向的工作模式，希望在松德院區的精神官能症個案，能有更明確的處遇方案，而在住院醫師的訓練上，有更具體的內容，並且採用比昂的「基本假設團體」（Basic Assumptions Group）和調整過的「團體關係研討會」（Group Relations Conference）的架構，作為聯結日間病房不同活動和團體的基礎。藉由這些活動，作為評估個案問題的主要場域。經過評估後，精神官能症病友可參加的「起風

了」精神分析式團體心理治療，或「思想起」精神分析取向個別心理治療。因此教學訓練及研究隨之附加於此治療模式上運作，的確創新且充滿挑戰性；整合日間病房所有活動專業帶領人，及各不同理論取向的團體心理治療及個別心理治療的訓練老師/督導，或許透過對話、討論及研議，以達共識，裨落實服務執行，並訓練研究。

末了，特別推崇本書，尤其文中創新本土化的〈內心荒涼地帶起風了：精神分析對團體心理治療的想像〉模式，給有心以心理治療為志業的同道同好。在多年來的醫療健保制度下，短期快速效果的期待要求，不斷地衝擊我們的理想；此方案若在松德院區可行，未來推廣仍有待突破各醫院管理階層的心防，如此方可促進專業人員接受訓練的動機。

陳俊鶯

中華團體心理治療學會理事長
社團法人台灣自殺防治學會常務理事
前衛福部八里療養院院長

希望的流動　在起風之後......

蘇淑芳

　　認識蔡榮裕醫師，是在多年前，初到松德，沿著風的訊息從青少年日間病房木瓜樹旁徒步，謙卑地彎身穿過彎腰樹，遇見蓮花的光影與被野薑花香團團包圍的生態池，風不停歇拂過雜草叢生的分叉路上，我繼續攀附樹枝走到了久無人跡的盡頭，一道磚牆讓人止步，這個位置是松德「古人」才知道的小白宮，磚牆上嵌著蔡醫師用心磨練的文字：

Space to think
Way to walk
Future to hope

　　他說：「大自然來自上天的創造，路卻是人走出來的，這塊美麗的地方，有前人的努力與足跡，有後者實踐夢想，一直維持著活力與希望。」當時在這第四走入第五院區分水嶺的至高點，佇立在荒蕪雜草中竟生出滿滿的悸動，當下開始與蔡榮裕醫師結緣。從

分岔點沿著苔痕的階梯，迤迤然走入了「思想起」的領地，當時風吹起老欉龍眼樹的枝葉搖曳，印入眼簾的是我最喜歡演劇治療的露天劇場，它神奇地伸展在綠草的芬芳中，原來這片可能成為停車場的青草地以及夢想中的劇場，竟也是蔡醫師在松德的擘畫，我二度認識了他，並修正了他只作精神分析個別治療的身份。

起風了！從生命的荒涼地帶出發，從久無人煙的雜草中出發，掠過功利威迫的不自在，拿出生命的堅毅與活力，才能將六因子、七夢思、三態度以及六忍耐一一展現；章節中六因子的探討，以配對、依賴與打帶跑的趣味去扛著無力、無助與無望感往前走，藉此探索失落、創傷與憂鬱；更從團體治療常自滿的療癒進而論及治療痊癒的功效、侷限以及副作用，以辯證百人一步行更勝一人走百步的力道。書中更指出了「移情的金、建議的銅」，便是在精神分析心理治療起風了後的進行模式。

　　比昂：團體是個有生命的獨立個體，而非僅是個人的加總。

終於，他以「起風了」為名，將精神分析的個別心理治療與團體心理治療並融成太極裡，黑白不是黑與白的各自存在之觀點，道出了精神分析想像團體這

件事。起風了！啟動了一個風潮、一個趨勢，探索團體治療訓練的眾生與眾相，更吹起了我們過往學習、參與團體的記憶，以及對於團體訓練實務追求的想望。

空氣的水平移動便是風，都說起風是個動態的關係，是希望的流動，在起風之後......。

蘇淑芳

現任：高雄市政府衛生局社區心衛中心主任
美和科技大學護理系兼任助理教授
曾任：中華團體心理治療學會團體心理治療督導
高雄市立凱旋醫院護理主任
台北市立聯合醫院松德院區護理主任

無風不起浪

周立修

咬定青山不放鬆，立根原在破岩中。

千磨萬擊還堅勁，任爾東西南北風。

————〈竹石〉，鄭燮，清

　　去年10月初收到榮裕兄告知他已退休的訊息，恭喜他人生又一個新的開始，他回：「新開始，慢慢走呢！」今年三月中就收到他的新書《為什麼古老的故事，如夢魘般讓我受苦？》，並且大膽邀我幫他預定今年九月出版的新書寫序。精神分析我雖略有涉獵，但也是近幾年的事，而且以榮格分析心理學為主，想想要為精神分析大師寫序確實苦惱，猶豫了些時日，遲遲無法決定，後來看到書的全稿，了解與團體心理治療相關，因此就答應了下來。

　　這次新書仍舊充滿著蔡式創意風格，《內心荒涼地帶起風了》，其中一條思考的主線是「精神分析對團體心理治療的想像」，另一條思考的路線是「初談

松德院區精神官能症治療與訓練模式的夢想」。乍看這些標題：「想像」、「初談」、「夢想」，會錯以為真的只是初步的想像，細讀之下才發現內容極為豐富且深入，值得細細慢慢品味，方能感受及體會其深度。

本書非常有趣的主要理念，乃引用精神分析學者溫尼科特（Winnicott）的說法：內在客體關係的心理世界其實沒有「嬰兒」這件事，有的是「嬰兒與母親」。因此推論是否沒有「個體」這件事，有的是「個體與群體（團體）」？所以即使在進行一對一之個別心理治療，若配合上斐羅（A. Ferro）等的舞台理論（field theory），強調在同一舞台上，個案內心戲出現眾多人物角色，與治療師內在的眾多角色互動著，是否可以想像「個別治療中有團體」的樣貌，構成了一幅團體動力般的情境。於是起風了，對於一個團體的想像就此開始。

當然，很重要的一個最高指導原則是：「慢慢地微風式的了解與探索」，即慢慢走向深度心理學，而不只是停留在表面的建議上打轉。這個「慢慢來」對病人而言，希望從開放性且混搭談話及活動性的團體治療開始，接著進入第二層次只以談話方式進行封閉性的深度團體治療，最後回到個別心理治療，這種以團體開始，以個別方式結束的治療架構設計，的確有

它耐人尋味的地方。在講究快速和效率的年代，「慢慢來」似乎成為一種致命傷！高雄市立凱旋醫院門診心理治療排隊的名單，長期超過兩百人，當然就管理者的立場是必然要檢討的。而慢慢走，有深度地走進一個微風吹拂的狀態，對治療師（或治療團隊）與個案來講，其實是一種幸福，只是幸福總是必須付出代價，也必須在現實生活中找到出路，或許可行的辦法是，從第一階段個案中，選擇適合走下去的少數，去完成第二及第三階段治療。當然這個慢慢來也應包括治療師訓練，起碼是兩年起跳。

我個人的個性較急，之前很相信快速療法，總覺得慢慢治療，治療師與個案都花太多時間，而且對其他等待治療的個案似乎並不公平，因此過去花很長時間學習催眠，也曾經開設催眠門診三年。個案很愛問：「幾次會改善」，或者「幾次可以找到答案」，我總是告訴他們，快者一次，原則上不超過三次。看到個案進步神速或很快得到答案，當然很有成就感，只是這個快速療法似乎失去了「慢慢一起走」的某種樂趣，當然也發現求助者中，有些人其實是真的需要陪他們慢慢走下去的，因此本書提供了一種慢的基調，給治療師及個案另一種可能的想像及選擇。

這本書談「傷」，是精神官能症的「創傷」，這種「創傷」很多學者都提到過，佛洛伊德（Freud）談

的創傷和榮格（Jung）談的創傷，方向可能不一樣。榮格分析師唐納・卡爾謝（Donald Kalsched）提到創傷相關文獻中，有兩個驚人的發現，第一是受創的心靈會自我傷害，第二是心理創傷的受害者會不斷置身於再度受創的生命情境中，似乎有一個「內化的加害者」佔領了創傷者的內心世界，比外在的加害者更加的殘忍。而更可怕的是，這個「內化的加害者」卻又同時扮演保護者角色，似乎想要保護人格精神受傷的殘存部分，並將這個殘存部分「與現實隔絕」，因而產生不同的精神症狀及問題，這樣的保護方式終究不斷重複演出傷害自己的戲碼。我自己在臨床上，的確看到一些年幼時被性侵害的憂鬱症合併創傷後壓力症的女性個案，成年後仍不斷重演被性侵悲劇，受創者甚至事發當時，會進入一種恍惚或解離狀態，事後亦難以解釋當時之意識狀態，足見這內化的保護者兼加害者傷害力之驚人。

　　有關治療結果的侷限及副作用，治療師應接受個案在治療過程中，可能出現部分時段的「療癒」效果，但並不等於「治癒」（cure），千萬要提醒自己治療的侷限，小小的進步不足以自傲或高興得太早，但可以給我們陪個案繼續走下去的勇氣。許多帶著創傷的精神官能症個案，其實病情起起落落、時好時壞，這可能才是常態，因此必須謹慎做出解釋及建議，個人認

為，不適當或過早不成熟的解釋及建議，極有可能讓治療師一不小心就加入加害者行列而產生副作用。

另一個值得好好討論的是「起風了三態度」：無可了解（unknown）、無可確定（uncertainty）和無可撫慰（unconsoled），我覺得作者想跳脫傳統所謂「中立態度」或「分析態度」，進入一個相對深層的某種「境界」。不容易說清楚，是類似比昂提出O的概念。對於比昂來說，精神分析的基礎是O。他定義O如下：「我將使用符號O來表示由諸如終極現實（ultimate reality）之類的術語所代表的終極現實，絕對真理、神格、無限、自在之物（the thing-in-itself）」。O不屬於知識或學習領域，偶然可保存；它可以「成為」，但不能「知道」（It can be "become", but it cannot be "known".）。比昂主要對「空」（openings）感興趣，明確地定義將與他的議程（agenda）背道而馳。其實O的概念似乎與佛家的「空」，以及道家的「道」（道可道非常道）相近，由此可見榮裕的企圖心不小。也許就像他書中提到的「靜中禪」，在某個時間、某個地點，大家一起坐下來，沉靜下來，好好體會與他人的連結，用一種「禪」的態度去體會與理解。

〈268想想〉是團體心理治療總論，也是團體心理帶領者治療師手冊，其命名與格式其實都很有意思，

不只因為有268則既像教學又像自我省思的陳述，而是思考源頭來自台灣有268座海拔超過三千公尺的高峰，所以「超越巔峰」是一種企圖或想像？每一則均為五到六行的精簡文字，感覺像飽含哲學意味的短詩，看心情偶而挑一則來細細閱讀，似乎也是一種可選擇的另類的讀法。從第208則到248則，不斷談到「做自己」、「找到自己」、「真正的自己」、「與自己和解」、「真我與假我」、「一直尋找自己」及「了解自己」，都在描述如何深度地在「團體中」透過與他人的連結（bridging）來「認識自己」，或甚至最後聚焦在「不想認識的那個自己」。這整段與榮格的尋找自性（self）之道及個體化（individuation）歷程頗為相似。當然，各段各有其精彩之處，其實我個人最喜歡的卻是一開始的一段文字，短短一頁頗為抒情，先從台灣說起，接著是島嶼、高峰、尋找風、自戀水仙花、神話裡海上仙姬歌聲、意亂情迷的風到人的孤獨，概括地描述了〈268想想〉的主要輪廓。

台灣團體心理治療的臨床實務、教育訓練及研究在陳珠璋教授的帶領下，歷經中華團體心理治療學會歷任理事長及理監事的努力，及與其他相關學/協會共同合作中，穩定求發展，逐漸開花結果，不論在學術教育、研究發展、國際事務、期刊出版、家/性暴及酒藥癮等範疇均有多面向的拓展。去年因新冠肺炎疫情影

響，阻擋了人與人之間的連結，實體的團體心理治療服務及教育訓練紛紛取消或延期，網路視訊會議及團體工作的發展已成為國際趨勢。本書談論在團體中慢慢地深度認識自己、探索自己的歷程，是否會因透過網路進行而失去其深度？也是值得思考的一個問題。

個人在精神分析方面才疏學淺，這篇序文就當作我的讀書心得較為適切。本書中還有許多榮裕的創見，團體心理治療中的六因了／七夢思／六忍耐，我就不再一一回應了。「無風不起浪」，所以必須尋找風，因為找不到風，只好自己起風了；於是起風了，管他是東西南北風，不管風是哪一個方向吹，風來了，不只帶來水仙花香，更吹起萬重浪。

周立修

高雄市立凱旋醫院醫療副院長
中華團體心理治療學會常務理事
中華團體心理治療學會合格督導

創傷、團體夢、風的線條

許欣偉

翻開蔡榮裕醫師（下稱作者）最新作品，我聯想到日本北海道札幌羊之丘展望台上，札幌農學校（今北海道大學）校長克拉克博士雕像下銘刻的名言：

Boys, be ambitious！

（少年啊，要胸懷大志！）

作為我國精神分析運動的先行者，即使作者的視野與文化關懷遠比我們這些後輩寬廣，他的策略從來不是單打獨鬥，而是籌組並引領一個又一個團體，一同合作前進，也就是實踐他在書中所說，「如何讓一百個人一起走一步」的理念。作者具有讓團體達成目標的過人能力：國內文化本無精神分析傳統，他在分析荒漠中創建「臺灣精神分析學會」，一步步被「國際精神分析學會」認證從而接軌；在公立醫院體系內創立「思想起心理治療中心」，原本也是不可能的任

務，竟已實現十多年；作者在公職退休後以飛快速度籌組「薩所羅蘭」團隊，面向社會大眾積極推廣精神分析，這是現在進行式。

　　「起風了」要談的是精神分析取向的團體心理治療，對許多分析取向工作者來說仍是較陌生的領域，因為精神分析訓練向來著重一對一的心理工作，而非團體，因此本書更值得有志者好好品味。作者擘劃了一個以「創傷與精神官能症」患者為對象、多重團體形式為主的治療體系，北市聯醫松德院區作為發展本計畫的安全基地。理論建構雖然還是從佛洛伊德「分析的金、暗示的銅」出發，但靈魂人物其實是兩位英國分析師——比昂和溫尼科特。作者消化他們的理論，再用自己的在地語言重新詮釋，依此來建構「起風了」團體的基調。

　　既然本書談團體，我不免要速寫一下松德這個團體的歷史故事。二十七年前，我有幸在台北市立療養院（松德院區的前身）接受住院醫師訓練，當年無論是急性病房、復健病房、精神官能症病房、酒癮病房等，都有每週進行的團體心理治療，會後討論由主治醫師指導，現在回想充滿感激；作者和劉佳昌醫師曾分別帶領我們這屆住院醫師的精神分析取向體驗性團體，都是艱辛但有收穫的旅程。後來作者和幾位院內前輩先後遠赴倫敦塔維斯托克中心（Tavistock Centre）

進修，聽聞他們都曾參加一個為期四、五天的活動叫做「團體關係研討會」(Group Relations Conference)並深受震撼。後來當我跟隨他們的步伐前進塔維斯托克時，就鼓起勇氣報名參加此活動。那經驗著實無法形容，幾天之內在英語聽與說能力皆不足的情形下接續參與小團體和大團體，體會混亂、迷茫、不知所措、恨自己、氣別人，充滿無力感、無助感、無望感（詳見〈起風了六因子〉），依稀記得會議結束那天傍晚，瞬間覺得如釋重負。我相信作者透過「起風了」，企圖把這種源自英倫的團體學習概念，帶入松德的治療與訓練模式中，這是他回報松德這個大家庭的一個方式，一個恢弘麗大的禮物，讓松德除了是治療重大精神病和酒藥癮患者的堡壘外，也可以繼續吸引更多的精神官能症與心理創傷患者前來。

至於「團體關係研討會」的由來，則和比昂的二戰經驗有關，換句話說，這種團體形式源自於戰爭創傷的處理經驗。比昂1942年參與英軍「軍官揀選委員會」，他設計的「無領導者團體」被軍事史學家譽為「和倍力橋的發明同樣是贏得戰爭的關鍵因素」；之後比昂請調至他的老師兼長官里克曼（John Rickman）已先進駐，專門收治戰爭精神官能症的北場醫院（Northfield Hospital），這間戰時心理衛生責任醫院因難以管理而惡名昭彰，裡面雖有實際經歷戰鬥的戰爭精神官能症

患者，但也混雜著我們今日所稱之人格障礙者，或不想作戰的詐病者，更多是無法適應軍中生活者，而那時還是精神藥物尚未發明的年代。在這個被形容為沮喪泥沼的荒涼之地，比昂開始進行團體的實驗。他觀察病房的混亂與無紀律，但不企圖中止它，反而刻意讓混亂持續，目的是讓集體的精神官能症得以顯現，藉此驅使住民自己想出控制的辦法。他堅持所有的人必須至少參加或組成一個團體，性質不拘。

一個月後，病房的氣氛已明顯不同，變得有建設性且生動。可惜的是，事先比昂未和醫院同事及軍方高層充分溝通，導致其他精神科醫師覺得被排除在外，感到被威脅，高層擔心此作法可能導致無政府狀態，結果是1943年「第一北場實驗」僅維持短短六週即告終結。然而英軍團體革新的故事並非就此結束，將由福克斯（S.H. Foulkes）在1944年底展開「第二北場實驗」接續下去[1]。

從「北場實驗」到「起風了」，精神分析工作者相信，人們嘴巴說的不如其行動來得真實。在意識層流轉的口語敘事，早已受防衛機轉左右及屏蔽，經驗上常常是治療中走不出來的死胡同。如果我們把佛洛伊德觀察到的口誤、移情、歇斯底里症狀，以及比昂觀察到的「基本假設團體」，都當作是敘事之外的某種

---

[1] Shephard B. A War of Nerves—Soldiers and Psychiatrists 1914-1994. London: Pimlico, 2002.

行動，無疑地從行動中較可發現潛意識的蹤跡。

　　況且人的生活離不開團體，必須與人合作才能創造意義，情緒困難經常與人際困難連袂出現，我想團體研究的價值，正如同醫學上之活體內（in vivo）研究，個人的內在困難，將在團體的舞台上生動搬演，用作者的話來說就是：「尤其是團體裡，每個成員的內心戲就如同一個戲團的展現，每個成員都有自己專屬的戲團。」（p.54），眾多戲團之間又交融成團體的精神官能症，影響著團體的創意、活力與生產性。

　　作者提出六忍耐，可以說是把比昂強調的「負性能力」（negative capability），用蘊含東方佛教文化的在地色彩重新描繪；至於無可了解、無可確定、無可撫慰等三態度，我認為作者也是在闡述比昂探究心智的態度，左手努力建構，右手卻不忘解構，例如作者說：「任何指標就僅是可以有創意地活著並活下去的參考，並不是要依靠這些作為人生的目的，也許這些指標到最後，也都是可以拋棄的。」（p.74）義大利分析師Antonino Ferro的話或許更激進：「我們所有人，不僅僅是新手分析師，都必須保護自己不受已知事物的禁錮，我們已經知道的一切都不應該再繼續成為我們的興趣所在[2]。」

---

[2] 安東尼諾‧費羅，《星際漫遊─當代精神分析指南》。北京：機械工業出版社，2019。

作者絞盡腦汁送的龐大禮物，是否未來必然可以在松德院區裡實現呢？如果「起風了」要與（殘酷刻薄的）外在現實接軌，就有太多細節仍待解決。我曾擔任松德院區精神官能症病房督導醫師長達六年半，當時也曾靈機一動，想著是否有成立精神官能症患者日間留院的可行性，但是，考量精神科日間留院的健保給付，一位患者全日參加僅700多元，半天僅300多元，絕對是不敷成本。此計畫所投入的專業人力質量也勢必驚人，所有團體帶領者除了團體事務本身外，團體帶領者之間需要建構相互討論的平台。如果設想得更細緻，我會期待每隔一段時間，例如每四週一次，能有位個案管理者，跟每位患者個別討論參與各團體的狀況和感受，來深化患者「從經驗中學習」的體會。尤有甚者，大台北工商社會步調快速，要患者在每週上班時間至少抽出一個半天來參加「起風了」，恐怕是一個不小的負擔。

　　作序之時，國內外正值武漢肺炎疫情加劇，保持社交距離是必要，室內群聚是禁忌，團體心理治療暫時變成一個不可能的選項。那麼，此刻閱讀這本書還有用處嗎？近幾年我常這麼想，作為一名以個別治療工作為主的精神分析取向心理治療師，最要緊的是培養出治療師的態度（attitude）或姿態（stance），這遠比理論、術語、期刊閱讀重要千萬倍。本書描繪的各

種分析治療元素，特別是七夢思、三態度和六忍耐，對養成治療師的態度，肯定有直接的助益。

作者說「起風了」是把內心風暴的瘋狂逐漸轉化成微風的過程，非常詩意而貼切的比喻，象徵一種創傷的轉化，然而，治療師與團體成員要如何挺過摧枯拉朽的暴風巨浪，需要不少能耐，才有機會創造另一種風的線條；但這回是一群人一起向前走，有那麼一點軍中袍澤生死與共的味道，也像是疫情下使用「同島一命」這個戰地標語的心情。各位，你們準備好要來玩一場團體大夢了嗎？

許欣偉

晴天/向陽身心診所醫師
碟石歷時工作室心理治療師
輔大臨床心理系兼任講師
臺灣精神分析學會會員
英國塔維斯托克中心暨東倫敦大學精神分析研究碩士

風吹來的方向
陳俊澤

　　先談談我認識的蔡醫師。1988年10月，我到北市療（現台北市立聯合醫院松德院區）當見習醫師，看到一位很奇特的人（尚不確定他是醫師），未穿醫師袍，著唐裝，腳踏功夫鞋，蓄綁著馬尾的長髮，永遠振筆疾書（不清楚他在寫什麼？有可能是這幾年爆發出來的出版著作的草稿），只記得他講話我都聽不懂（不清楚），彼時不知道他是誰......。

　　1992年進北市療，這近30年都跟這位當年不知是誰的醫師當同事，多年來亦師亦友：接受他的指導當精神科醫師，知道在加護病房最重要是減藥；學習心理治療亦接受他的督導（其實那時候很痛苦，因為他很少說話）。正式當主治醫師後，誤打誤撞一頭栽進精神分析（心理治療），一路以來潛移默化，蔡醫師是我重要的內在客體。

　　猶記得1998年蔡醫師至英國研習精神分析，我在二院區守護他的藏書，每日望著浩瀚精神分析原著

（現在幾乎是「思想起心理治療中心」圖書室的藏書），偶爾翻翻，竟然翻出興趣。2002年也跟著負笈倫敦研習精神分析，之後跟著他成立「臺灣精神分析學會」及「思想起心理治療中心」，打理相關事務。

2018年，時值松德院區想發展精神官能症訓練計畫，在生物學研究及影像學不及綜合醫院的困境下，探詢蔡醫師意見，因而成了「起風了」的正式開端，也許這個計畫，蔡醫師已經醞釀一段時間，正等待風的到來。有幸在蔡醫師構思初期參與並聆聽草案的進度，想像在10年後，這個計畫成為松德院區精神官能症的臨床治療模式，如同個別心理治療，每週近10張轉介單，亦擁有訓練中心，每年近60位碩班生及治療師申請接受精神分析心理治療的訓練；我們視為市療心理治療訓練的第二次革命。如同書中所言：「是否有可能發展出某種團體心理治療模式，成為如同精神分析取向心理治療般，長期且緩慢地，消化人生創傷所帶來的複雜經驗？畢竟，人自始以來的失落和創傷是無垠，乍看也無痕，卻以潛在隱微的方式，影響著生活的品質。」雖然因疫情關係，「起風了」暫時無法繼續在松德院區如同精神分析般開花結果（蔡醫師於2020年退休），他卻已經開展了一個大的空間及舞台給「起風了」。

2002年耶誕節前一週，當準備進入在倫敦的新年

前，參加為期一週Tavistock Clinic為所有訓練學員辦的一年一度Group Relations Conference，那一週情緒無比撞擊，有歡笑、有淚水，有更多不知名的緊張，衝突更是不在話下；每日大大小小的團體，或是無特別目的的經驗團體，或是有特別工作目標的團體，在在挑戰個人與團體的各式關係及潛意識的流動，更是親身體會了本書重點之一，〈起風了六因子〉中的三個基本假設，依賴（dependencc）、配對（pairing）、打帶跑（fight and flight）[3]。回台之後，長期在松德院區急性病房帶領及督導團體心理治療，三個假設一直是我觀察的重點之一──瞭解團體的阻抗現象。同時也帶出我個人對精神病理學的假設：憂鬱現象，如同本書中〈起風了六因子〉中，失落及創傷所帶來的深沉感受──無力感、無助感及無望感。

〈268想想〉前面幾想，期待從各式活動及團體工作，向內延伸至深層經驗及對話，乃至回到診療室的個別治療；接續精神官能症與創傷的關係，交錯著精神分析的防衛機轉及母嬰關係，轉成〈起風了六因子〉，進而條列出268個條目[4]。

此外，依個人臨床經驗，對〈起風了三態度〉：

---

[3] 詳見本書〈268想想〉。

[4] 蔡醫師非常有心地註明，台灣超過3000公尺的高山有268座，此舉聯想到蔡醫師對「思想起」的治療室命名。

無可了解、無可確定、無可撫慰，有著非常深刻的印象，"un-"在診療室中，是兩造經常共同的經驗，這種原始經驗或可推演至原初母嬰關係的未知及不確定性，也是訓練過程中一再強調的，忍受不可忍受的經驗。有了這樣的經驗，因而進一步歸結出〈起風了六忍耐〉：立忍、忘忍、反忍、觀忍、喜忍、慈忍。上述經驗及態度，作者亦不斷提醒臨床工作者，勿單從字面意義，一味地告訴自己必須忍耐，其中的細膩之處，值得讀者從臨床經驗中，細細地咀嚼。

　　蔡醫師這幾年出版著作的量，可謂是「多產作家」，曾經聽他說，醫師不是他最想做的職業，他想寫作、寫詩、寫劇本......，這些在這幾年的創作生涯都可以看得到；曾經想過，將他的部分劇本拿到「思想起」訓練中心排演，一定非常有意思！

　　最後預祝《內心荒涼地帶起風了》出版順利。

陳俊澤

精神科專科醫師
臺北市立聯合醫院松德院區心身醫學科主任
思想起心理治療中心心理治療資深督導
臺灣精神分析學會會員

一個人的團體

劉佳昌

　　當我還是住院醫師時，曾在台北市立療養院（台北市立聯合醫院松德院區的前身）的開放式復健病房待過，當時跟隨的是剛升主治醫師的蔡榮裕。他帶領醫療團隊，效法西方的治療性社區，希望建構一個富含心理-社會意識的精神復健環境。大夥摸索著對精神病人提供心理治療，包括個別和團體的型式。我們有兩個長期治療性團體，男女分開，以目前通用的用語形容，是「無結構性團體」——不設定主題、成員自由發言、治療者基本上採取不主動（non-active）而且非指導性（non-directive）的治療態度。我和蔡醫師一起帶領的是女性的團體。

　　病房的故事起起落落，但團體固定舉行，風雨無阻。住院病人朝夕相處，雖然是慢性精神病人，故事和心情卻豐富多彩，關係與互動不時隱含刀光劍影。印象最深的一次，忘了甚麼原因，成員剛好只剩一人，稍作考慮，我們決定照常進行，於是那次的團體

變成單一成員加兩個治療師的奇特組合。那個景像一直留在我心裡。只有一個成員，還算團體治療嗎？這樣做有意義嗎？我們知道自己在做甚麼嗎？

松德院區一直有團體心理治療訓練的傳統，許多同儕跟我一樣都很感激陳登義醫師的啟蒙。我們的訓練，是從每週一次的急性病房團體治療的觀察和實作開始，鍛鍊帶團體的基本功。起初我們是以Irvin Yalom的「人際取向團體治療」為理論基礎，但本土獨特的臨床經驗，也引領我們加入更多不同的理論思考到團體治療實作中，從完形學派、家庭治療、系統理論，到我自己選擇落腳的精神分析。

蔡榮裕這本新書包羅萬象，是他揉合精神分析及團體治療的心血結晶。Winnicott主張孤獨是一種能力；Bion的團體理論說到三個基本假設，會妨礙團體成員一起工作；蔡榮裕主張，孤獨的能力和與團體一起工作的能力是一體兩面。稍做思考即不難發現，個人和團體其實有著有趣的辯證關係。

依A. Ferro的「舞台理論」，一個人的內在就像住著一大群人，那是活潑的內在客體關係。而依團體治療理論及經驗，整個團體往往又可以被視為一個整體，彷彿是擁有生命的一個人。於是，加上精神分析的深度心理學，我們在看待個人心智、人與人的關係及互動、乃至個人組成的團體時，都增加了更寬廣且

多樣的視角。一中有多，多也可以是一。在這樣的反思下，個人與團體的區別變成只是表象上的不同，個別治療與團體治療的對比，某種程度上也只是相對的了。

蔡榮裕的寫作，似乎也體現了個人與團體間的辯證關係。當他創作時，他是孤獨的，似乎也早已安於那種孤獨。但他的創造成果，他所展現出來的行動，卻往往朝向廣大的群體，他的專業生涯也見證了他創造出一個接一個的工作團體。這些實踐的足跡比任何理論都更具有說服力。

就內容而言，本書有許多深刻的省思和見地，關於人、關於人的創傷和症狀、關於團體、關於療癒和痊癒之分辨、關於治療的目標等等。這篇短短序難以一一細論，但我願提出一個主題略做討論。

「起風了」方案的大架構是藉用Bion的團體理論，主要是「基本假設團體」和「工作團體」的對照。「起風了」提供一個機會，去觀察個人與他人一起工作時會遇到的困難。由於類似的困難會在不同場合及不同的事件之中不斷重複出現，藉由團體的觀察，可望幫助個案本人也觀察到自己的困難，然後經由反覆的觀察，而慢慢地加深個人對自己深層心理的了解，乃至領悟出改變的方向。換言之，「起風了」方案的設計，形式是團體，團體目標則是一起工作，但團體

歷程的重頭戲卻在探討過程中的困難。

　　精神分析看待分析的過程也有類似的邏輯。精神分析的實作，自由聯想是基本規則，同時也是分析的目標，但分析過程中大部分的時間，我們是和阻止自由聯想的隱形力量打交道，也就是在觀察和設法化解潛意識的阻抗。「起風了」方案處理的阻抗，就是妨礙團體一起工作的負面力量。

　　事實上，「起風了」方案還在其他許多具有負面意味的概念上著墨甚多，例如〈起風了六因子〉的後三者：無力感、無助感、無望感；〈起風了三態度〉：無可了解、無可確定、無可撫慰。為了承接這麼多的「無」和「無可」，蔡榮裕引入〈起風了六忍耐〉的概念。這固然有作者一貫的臨床觀察做基礎──幼年創傷、無法言說的失落感、空洞感、憂鬱、以及只能用移情方式展現在關係中的成長記憶。作者因此強調，對這些彷彿擁有主體性和自主性的負面力量，不應只是強調正向的建議或教育，而是要先讓這些彷彿人格碎片的部分有機會被看到、聽到、和了解。這一整套論述，都有清楚的脈絡。然而，作者不厭其煩地再三加上警語或但書，提醒想要運用這些概念技術的團體治療師，不可操之過急，也要小心不要落入原始分裂機轉的陷阱。這些耳提面命的諄諄教誨，或許也反映出團體帶領者實際操作上潛在的難度。

以個人在精神官能症病房和精神科復健病房的臨床經驗，分析性的治療介入，通常需要大量的準備做支撐。否則，一個比較邊緣性或攻擊性較強的團體，當面臨負面的成分被揭露出來時，反彈的破壞力道往往大到淹沒治療或了解的企圖。而在自我功能普遍打折扣的慢性精神病人組成的團體，當我們試圖指出團體歷程中可能存在的困難時，則容易迎來直接的忽略、或是以沈默表示的拒絕，需要在事前或事後，花很多工夫，才能讓這種團體稍稍願意正視呈現在團體歷程中的困難，若要讓成員可以由此困難再去反照到自己的問題，更是難上加難。

　　因此，我固然同意，不應認同個案防衛性的意識需求，而轉向提供建議、給答案、假裝確定、做出廉價的安慰、以及種種以正向為名的速食性作法，但經驗教我，為了「分析的金」，我們需要視團體成員的狀況而決定要提供多少「建議的銅」，只不過此處「建議的銅」的定義可能需要擴大。

　　對於反彈的破壞力較大的團體，治療師或許應更主動表達整合的話語，以抗衡和調和普遍存在的原始分裂傾向。而對於自我功能較不足的團體，這包含許多情緒或認知的準備，以便團體成員有足夠的能力，去接觸我們打算揭露的任何帶有負面意涵的東西。這些準備的工作，許多或許會落在近年興起的「心智

化」概念的範圍。我相信，心智化的準備，也會有助
於「起風了」方案的團體走到更能面對自身困難的階
段。

劉佳昌

精神科專科醫師

松德院區心身醫學科主治醫師

松德院區思想起心理治療中心資深督導

臺灣精神分析學會前理事長

內心荒涼地帶起風了

精神分析對團體心理治療的想像

起風了六因子

配對／依賴／打帶跑／無力感／無助感／無望感

起風了七夢思

feeling／thinking／dreaming／linking／digesting／
playing／living

起風了三態度

無可了解unknown／無可確定uncertainty／無可撫慰unconsoled

起風了六忍耐

力忍／忘忍／反忍／觀忍／喜忍／慈忍

在心身醫學科和一般精神科裡，除了現有的門診和住院之外，為了建構處理精神官能症的模式[5]，我們開始有了精神分析對「團體治療」的想像。由於精神官能症的論述仍存歧義，我們將以「創傷與精神官能症」為主軸，偏重強調其中的心理因子；雖然生物學因素已經是目前精神醫學的強項，但距離能真正解決精神官能症問題，仍有一段長路。我們以「起風了」作為這個方案的名稱，提供「團體心理治療」模式的服務，也將會有教學、訓練和研究的功能，或許不是一

---

[5] 為了本書加寫此篇章時，在文中所描繪的「團體心理治療」模式正在台北市立聯合醫院松德院區建構中……尚不知道未來會如何？不知道是否發展得起來？我們就是謹慎地準備，看看能做到什麼程度。

下子就可以到位，但是，一步一步慢慢走。

在準備的過程，我們在台北市立聯合醫院松德院區出版了兩本工作手冊，第一本是《起風了：創傷與精神官能症／268想想》，內容近五萬字，先提出了〈起風了六因子〉，條列式書寫了268個條目[6]，作為治療師訓練的手冊。第二本進一步以「夢工作團體心理治療」書寫為範例，作為其它不同團體治療內容之參考細論；在第二本手冊裡，我們再提出了〈起風了七夢思〉、〈起風了三態度〉和〈起風了六忍耐〉的模式，作為想像的依據。不過，所謂「依據」就只是我們走下去的參考點，並不能完全說清楚複雜的「精神官能症團體心理治療」這件事。本書是以這兩本手冊為基礎，重新整理增添、編輯出版。

我們必須先說明「起風了」團體心理治療模式和目前其它團體型式，例如：Yalom式的團體和藝術、戲劇、電影等團體型式的差異，這些都列在兩本手冊裡，留待臨床實作累積經驗和修正後，再正式發表看法；畢竟，我們是以臨床實作，作為我們論述的基礎，最簡單的說法是，我們想要建構某些可以坐下來慢慢探索，長期門診

---

[6] 台灣超過三千公尺的高山有268座。

式的深度心理團體治療，不只是以人際關係處理為焦點，而是有機會往內在心智探索，如同現有的個別心理治療，例如精神分析取向的心理治療。

　　一般來說，團體的型式在我們的生活裡無所不在，例如，帶領小型2-4位的團體督導，大到接近上課式的大團體教育課程。我們相信，深入「起風了」團體心理治療型式，能夠提供不同的角度，來想想各式團體運作的豐富性[7]。

　　不論是〈起風了六因子〉、〈起風了七夢思〉、〈起風了三態度〉和〈起風了六忍耐〉，都是取自前人在心理相關工作裡的貢獻，我們相信，把這些聯結起來運用是具有原創性的，我們也謹慎地前行。

　　感謝松德院區院長楊添圍、醫務長劉興政、陳坤波，還有陳俊澤、潘俊宏、陳映燁、邱智強、邱顯智、郭千哲和黃名琪等主任，直接或間接地支持和提供意見，也特別感謝劉佳昌醫師、許欣偉醫師和陳易隆醫師的經驗交流。

2019.10.30

7　此刻著手再校訂文字準備出版時，是不同風景了；在疫情的風暴下，這個團體心理治療模式只得暫時擱置。2021/3/28

起風了

　　依精神分析家溫尼科特（Winnicott）的說法，內在客體關係的心理世界裡，沒有「嬰兒」這件事，有的是「嬰兒與母親」。比昂（Bion）提出「自戀」和「社會戀」是同時存在，如同一輛馬車前面和後面的兩匹馬。因此我們想像著，是否沒有「個體」這件事，有的是「個體與群體」；或者沒有「孤獨」這件事，有的是「孤獨與合作」？

　　佛洛伊德也早就關切群體心理學和「自我」（ego）的關係，加上義大利精神分析師斐羅（A. Ferro）等在「舞台理論」（field theory）添加比昂的論點，強調的是，同一個舞台上，個案內心世界出場的眾多角色，和治療師內在裡的眾多角色相互影響，構成了治療情境的豐富性——就這樣，我們的想像起風了……。

起風了268想想

　　「起風了」團體心理治療的通則，首先是以「268想想」[8]作為基礎的概念，我們提出了〈起風了六因子〉作為團體動力過程觀察的指標。六因子中有三項是比昂提出的「基本假設團體」（basic assumption group）動力因子：依賴、配對和打帶跑。我們再加上因失落創傷，帶來的三項常見的個體深沈感受：無力

---

8 詳見本書p.136-221。

感、無助感和無望感。

　　我們以一些通則作為各個團體的參考點，首先要讓成員了解，參與「起風了」團體心理治療的主要目的，是從團體經驗裡學習認識自己。這裡的「自己」不只是意識上期待的自己，更是著重在不想認識的那個自己。這是一條長路，不是一般想像的，透過一些方便的說法，就要確定自己是什麼樣的人。我們要做的，不是精神醫學的診斷，而是傾向了解自己的深度心理學。

　　所謂「從經驗學習」，我們先暫時把這些經驗的視野設定在〈起風了七夢思〉：feeling, thinking, dreaming, linking, digesting, playing和living；佛洛伊德提出的「分析的金、暗示的銅」，依著精神分析的推展，至今依然著重「移情」在臨床過程的重要性，因此我們提出，把「分析的金」更具體化為「移情的金」。「移情的金」在內心戲裡，是透過這七項現在進行式的心理作用，推衍出「移情」的樣貌，也就是，我們利用這七項來分解「移情」形成的心理機制。

　　簡略的說法是，我們想從成員說出的故事，以及在團體當刻和他人合作的困局，透過對移情和反移情的觀察，並以〈起風了六因子〉和〈起風了七夢思〉作為基礎，不只停留在表面故事和合作困局中，而是往深度心理學慢慢走——我們強調慢慢走，不急著強加

什麼因子來加速過程。〈起風了六因子〉和〈起風了七夢思〉是讓我們從表象穿透雲霧，慢慢走向深度想法的工具；它們是讓心理過程慢下來，好好地被看、被想，一步一步走。雖然我們認為以〈起風了六因子〉和〈起風了七夢思〉，並不足以完整說清楚人的心智功能，但它們提供了方便觀察和思索的大方向。

這個過程需要再搭配〈起風了三態度〉：無可了解（unknown）、無可確定（uncertainty）和無可撫慰（unconsoled），這是治療師對於未來想像的三種基本態度。我們主張，人類心理，潛在的未來是，無可了解、無可確定和無可撫慰，就治療的過程來說，是「此時此地」的態度，雖然已有「中立的態度」或「分析的態度」的說法，但我們試著以這三種態度再出發，來體會中立和分析的態度裡，更深細的某種「境界」。

既然語詞要表達的是某種「境界」，就表示它們不容易抵達，需要一般常說的，忍受或忍耐許多不如預期的挫折。什麼是忍耐呢？我們提出了〈起風了六忍耐〉：力忍、忘忍、反忍、觀忍、喜忍和慈忍。

內心戲

關於治療的關係，一般認為，個別心理治療是兩人的關係，而團體心理治療是眾人的關係，不過，依

照F. Corrao的論點，就算是屬於兩個人的分析，也是治療師和個案的內在團體動力（internal group dynamics）的總和。這是有趣的說法，他進一步說，並沒有只是兩個人之間的分析，每個分析都涉及團體。依我們的意見，如果每個人都有自我、原我和超我，這三個「我」是構成了，想像中的三人為團體的說法。

A. Ferro等人運用「舞台理論」（field theory），搭配比昂的論點，強調舞台上出場的每個角色，會和治療師內在裡的眾多角色相互影響，這構成了治療情境的豐富性。例如，成員說著他和誰發生了什麼事，就是他讓那個人出場，扮演某個角色，這些不同故事裡的不同角色，都有他們想要說的話。因此，我們要觀察、想像和猜測這些不同角色想說什麼，而不只是依著成員的眼光來看事情；我們可以在想像裡，和舞台上忙碌的角色們進行對話，也可與某些角色互動。

在團體裡情況也是如此，我們要觀察和想像，而不是只依成員的說法，就定位他們口中的某些角色；這些過程，可以讓角色們透過治療師的穿針引線來對話。然而，在團體進行的技術上，是否要說明這些作法讓成員知道？這是可以再考量的，因為不是所有的成員都可以理解。但是，當治療師這麼想像時，才有機會聽出不一樣的訊息。

我們假設，人生舞台的第一場戰爭，發生在嬰孩

和父母之間，雖然一般強調母親的涵容功能，以及要完全地配合嬰孩的作息，不過這只是某種期待；在這場戰役裡，就是團體的戰爭，涉及剛出生的嬰孩和父母三人間的團體動力，他們相互影響，例如，如果父母不和，或者為了夜間誰來餵奶而有爭議時，父母間的角力，自然會成為這場人生戰役的一部分，很難不影響嬰孩。尤其父母為了盡快回到生活和工作的日常，勢必會在這場人性戰爭中擔任重要角色，不論時間和內容上，該如何讓嬰孩早日適應或進入大人的節奏呢？畢竟，大人日常生活的穩定是很重要的，而且也有益於照顧嬰孩，但是快慢之間，會發生什麼心理戰爭呢？只要想一想流行的說法：「不要輸在起跑點」，就知道這場人性戰爭，是起源於多早的人生！這當中的團體動力，例如父母之間協調的困局，並不是以父母是否愛小孩為理由，就可以完全避免。

這是必然發生的「人生」和「人性」的戰爭，任何一方贏，就是另一方挫敗和壓力的來源，對嬰孩來說，其中的影響涉及了失落和痛苦的過程。透過觀察成員們在團體裡和他人互動的困局，可以讓我們有機會推想，他們早年經歷這場人性戰爭時，可能存在的團體動力的經驗，這些構成了我們的視野。

內心戲的舞台，眾多角色都上演著自己，如同我們主張夢中的所有角色，不論生物或非生物，都有著夢

者自己的影子，不管在故事裡是否具有明顯的角色，他們都想要說出自己心中的話；有時候微弱者，也想要大聲地說說話，這些都需要治療師去想像。

功效、侷限和副作用

關於個別心理治療和團體心理治療，我們主張，需要同時注意功效、侷限和副作用這三項要素；藥物使用，早就有這些規範和習慣，必須同時注意會有什麼功效和侷限，更重要的是要了解，會產生什麼副作用。以語言和肢體作為開展心理治療的模式，自然也得在建議或詮釋時，同時關注功效、侷限和副作用，才不會因忽略了侷限和副作用，而過度建議和詮釋，甚至有言語侵犯或言語暴力的傾向。

佛洛伊德當年從注意阻抗的現象，拓展了精神分析的視野。我們在治療過程裡，也必須隨時對自己所做所說的留意，某些個案或許有能力上的侷限，我們是無法過度要求和期待的。而若忽略了副作用，可能會讓所說所做的，走向和預期相反的結果；起初也許功效顯著，但如果隨後而來的副作用也跟著強大，會如同外科手術，雖然手術本身成功，但後續副作用出現，吞噬了先前的功效，帶來的結果是失敗。

因此，任何建議或詮釋都需要先思索功效、侷限和可能的副作用，作為臨床上實作的心理基礎，但是

潛意識領域，深度心理學的探索是很困難的工作，難以如生物藥理學般完美下判斷，不過，只要將這些要素列進日常實作和同儕討論的內容，就有機會去了解或想像更多。

移情的金和建議的銅

　　「起風了」團體心理治療方案，在「移情的金、建議的銅」的模式下，嘗試以精神分析的理論與態度作為基礎，但是面對不同精神病理學現象的成員時，我們嘗試引進「建議的銅」的眾多可能性；我們依著經驗相信，任何建議或暗示若要有成效，還是得觀察和處理成員的移情。因此，我們要思索，如何在這樣的作法下，讓和「建議」有關的各種模式得以更深入人心，而不會只停留在人際的表象？這是「起風了」的期待。在臨床實作上，仍得回到個別成員，依著他們的能耐，尤其是團體裡，每個成員的內心戲就如同一個戲團的展現，每個成員都有自己專屬的戲團。我們是採取慢下來的型式，才不致於成為過於暴衝的治療；如何藉由思考而慢下來，對於團體治療師和成員都是一項挑戰。

　　而對於「移情的金」的觀察和處理，我們是傾向在團體裡先不直接詮釋這些移情，但治療師得想像和猜測：「可能有哪些移情正潛在流動著？」以作為展

現「建議的銅」之判斷，不致於讓「建議」變成某種潛在的傷害。有了這些思慮和判斷，才能讓團體的運作，慢慢走向深度心理學，而不會只在表面的建議上打轉。

要讓「建議的銅」帶來功效，但也要注意潛在的侷限和副作用，尤其是潛意識裡透過移情來展現的副作用。個案們內心創傷所帶來的失落和苦痛，以各種方式潛抑或分裂，難以被察覺，只因為那些是太痛苦的訊息；人的心智功能為了讓自己可以活下去，潛意識裡會採取「享樂原則」，以最方便、最省事的方式，避開最受苦的經驗，但往往後續卻是帶來現實的困擾和傷害。「建議的銅」需要做的判斷，只著重在「現實原則」的衡量和決定，如果忽略了「享樂原則」的暗中作祟，結果或許會不如預期，甚至走向相反的方向。

臨床上，我們可以觀察到這些建議，隨著時過境遷後的現實而呈現出困局，因為當年的防衛並不是以符合現實原則的方式處理，以致於後續帶來的某些結果是難以避免。從另一個方向來說，當治療師給予現實原則下形成的建議時，如果未能對潛在的移情有所了解，會讓現實原則的建議難以被個案納進思考；如同在失落、恐懼與不安時，正在上演內心戲，硬要塞進看似善意的建議，是很容易變成某種強迫的暴力。

起風了六因子

〈起風了六因子〉[9]除了比昂提出的「基本假設團體」（basic assumption group）的團體動力因子：「依賴、配對和打帶跑」之外，另三項：無力感、無助感與無望感，是憂鬱者常見的心理狀態。我們提出這三項因子，是為了對照已被流行用語淹沒的說法：憂鬱是由於負面想法，因此處方是正向想法——這種說法有它的方便性，但已經失去了它原本的深度心理學意義了。我們提出無力感、無助感與無望感，不是要完全取代「憂鬱」的診斷，而是藉由這三項臨床常見的現象，作為探索失落、創傷和憂鬱的某種方式。

「無力感」、「無助感」與「無望感」三項因子並非只著重意識層次的感受，這無法說明臨床的複雜性，必須持續觀察這三種感受在潛意識層次的運作方式，才能在實質上對人的內在世界有所了解。例如，表面上很有活力地做了某些事情，但是潛在心裡卻可能一直充滿著無力感，即使做出了某種成就也因被無力感淹沒，而無法感受喜悅。

無力感，是指內在提不起勁，處於無法做任何事的感受。無望感，是有時間性，對未來缺乏希望的感受。無助感，是覺得外在客體並無法幫上忙的感受；

9「起風了」模式與〈起風了六因子〉的說明，可參照本書p.136-221，「268想想」文字加黑的條目。

「沒有人可以幫上忙」，通常更是反映著內在客體的
匱乏，缺乏內在客體可以幫忙和帶來撫慰感。不過這
些只是語詞的表面意義，這三種「無」的出現，也都
有它自己的心理史。

　　這三種感受是生而為人早期就會存在的，它們都
有自己的主體性，隨著嬰孩的成長而發展，但這是難
以忍受的精神受苦，因此心理上早就依著「享樂原
則」的潛在機制處理和防衛。這些感受始終在尋找各
種管道伸張自己，它們有著自己的自主性，要說出自
己的話。

　　這些內在感受的外顯形式是多樣的，由於各式的
防衛，使得外顯出來的模樣，不是直接就可以判定，
必須要一些過程，才有機會了解外顯的複雜現象裡潛
在的因子，我們需要想像和建構它們，是透過什麼樣
的方式來呈現自己；這是因為「自我」基於保護的緣
由，而有自我防衛或超我的扭曲，無法讓這些感受直
接表達出來，如同夢裡的願望也有個監督者在把關，
讓自我運作防衛機制，形成顯夢的內容。我們主張這
三種感受也是深度心理學的存在主體，它們有著自己
的屬性，一直在尋找機會和方式說話，如同生而為花
就要開花的動機，就算有石頭壓著，也會尋找周邊的
資源，硬是開出一朵它能夠開得出來的花，但隨著上
面阻擋物的樣子，花的模樣也會有些改變。

具有主體性的三種感受，儘管有各式阻礙仍要表達自己，使得外顯出來的模樣，如同被石頭壓著的花那般，扭曲成別的樣子，這也像「夢工作」，經由「取代」和「濃縮」交互作用，抓取可用的素材來展現自己的欲望，呈現出顯夢般，需要仔細觀察、想像和分析，才有機會知道它的內在真正感受。

起風了七夢思

Feeling：任何故事和想法，都隱含著感受，即使講者說得很冷靜，好像缺乏情感，但還是不可能沒有情感因素；一般面對這種情況，會認為是講者太理智了，總是想要直接問問對方的感覺。如果把我們的視野放在潛意識的心理學，就得以用不同的觀點，想像表面看起來缺乏情感反應的述說，是怎麼回事？這些外顯的現象，需要被想像和分析，才有機會進一步探知背後潛在的情感，以及這些情感何以用目前的方式來表達；個案並不是缺乏情感，而是以目前的方式表達潛在的情感，這些需要被探索和分析後，才能「推論」。

我們採用比昂對於feeling的說法，進一步探索潛在不被察覺的情感。如果feeling中譯是「感受」或「體會」，這是動詞的現在進行式，表示任何時刻都是在

現在進行當中。比昂的意思不是指意識層次而已，而是在意識的情感下，還有潛意識不自覺的情感在運作著；這是假設，我們會不自覺地感受或體會著一些事，其實，這理應不是只有精神分析取向者，才要特別注意的現象，我們日常用語裡的「意在言外」，就是主張，在說出的內容之外，另有其它的可能，只是意識上故意隱藏，或另一種可能是，在意識之外，不自覺的現象。精神分析自佛洛伊德以降，觀察到的是，有「意識之外」的想法和情感存在，而且影響著我們意識上的說法。

Thinking：比昂的thinking，除了意識的思考外，也同時指出潛意識的思考。從催眠術的暗示，到認知模式的建議，都是suggestion；在催眠術裡的暗示，是植入想法，不必有思考的過程，只要依著被指示的想法去做就可以，而認知式的建議則是期待個案，經過思考而接受建議，並去執行建議的內容。

通常意識上的思考，是指依著現實原則而做，合乎邏輯的判斷，這是一般意識型態的概念連結和推演，不過，我們是依著比昂的觀點，要去探究潛意識裡的思考和判斷是什麼？它可能依據什麼原則，去做思考後的決定？

潛意識的思考，是依據享樂原則所做的聯想；這種思考運作下浮現的想法，仍需要再被分析，才能了

解它的可能意義。thinking的另一種說法是，治療師在被個案的故事和情緒逼得無路可走的處境裡，仍能夠繼續思考或聯想。

臨床上的經驗發現，涉及「分裂機制」所引發的想法和情感上的二分，常是左右生活重大決定的兩難，然而，有些想法不是只能二選一，卻可以帶來希望，使原本處於兩極化的處境，有更寬廣的餘地可以思考。也就是，因為有「分裂機制」持續潛在運作著，在意識想法裡做判斷和決定時，需要觀察和探索已有的想法之外，其它不自知卻有影響的力量是什麼？

另外，有些想法會讓人一直心情不好，重複覺得沒希望了！一般人會說，這是壞想法，但依我們的觀點，不是以好想法來取代壞想法，個案的情況就會改善，這只是一種錯覺，畢竟不論好的或壞的想法，都是表象的，是內在世界裡各方相互妥協後的結果，如同顯夢的內容，需要再被分析探索，才能體會它們的多重意義。

Dreaming：比昂提出，白天也有dreaming的概念，不是白日夢，也不是一般說的意識上的夢想，它脫胎於夜夢，依佛洛伊德的主張，夜夢的形成是起源於「嬰孩式的期待」（infantile wish），經過「濃縮」和「取代」兩種夢工作的處理流程後，所妥協呈現出

來的顯夢內容。雖然只是兩種夢工作的手法，但可以改裝「嬰孩式的期待」成千百種模樣，而且無法只拿著一本夢的字典，依一般人的期待，由顯夢直接翻譯出隱夢的內容。

臨床上分析夢時，需要將移情因素考慮進去；當個案對著治療師說他的夢時，就不再只是夢本身，而是涉及他如何向治療師表達他的夢，任何言語都會有移情因素的影響，產生不同的表達方式和內容。雖然受移情影響而扭曲或遮掩了夢內容的述說，但對我們來說，並不會減少夢被討論的價值，反而讓我們有機會知道，是什麼樣的心智作用帶來了什麼樣的移情？它們可以成為夢的材料，再經由夢的分析而了解它們的潛意識意義，在這個假設下，「阿爾發功能」不會限定只在夜間作用，而是隨時都在發揮著影響，白天也是如此。因此推論dreaming的作用，是隨時都在進行著，這種假設是指，我們醒著時，任何話語、想法、感受或行動，都是dreaming的結果。

更白話的說法，任何時候都是在夢中，有著dreaming作用著，這和一般所說的「人生如夢」不盡然相同，也不是佛洛伊德對於「白日夢」的觀點，他認為，白日夢是在逃避現實的侷限，不過，如果用dreaming來推想人生如夢，可以說成是，人生都如比昂所說的，在dreaming中，這麼說並不是要替人生下最後

註腳，而是要說明任何想法、感受和行動，都具有如夜夢般的特色，需要進一步在臨床過程裡，以移情為背景來分析它，才會了解它的可能意義。這種主張擴展了，聆聽成員說故事和行動時，我們主動想像如夢般的運作，所呈現出來的樣貌；我們無法或不能只停留在說出來或看到的表面意義，而是需要等待、觀察和分析，才有機會了解某些潛在的內涵。

Linking：有些事會被我們認為它們之間有相關，有些事則被我們當作是不相關；這些相關或不相關的決定，是依著什麼原則做出來的？或只是依著時間順序就被當作是相關的？治療者依著專業慣常想法，嘗試以理論和經驗，在個案所說所做的各種事項之間，尋找著相關的聯結，然後形成我們的詮釋，但我們的聯結是怎麼形成的呢？

我們只依著理論，就可以了解個案了嗎？如果沒有理論作為參考，如何探索我們聯結的依據？會不會我們只是把自己的想法和經驗硬輸送給個案？或者，儘管我們有經驗和理論，實質上，相關的事就只是這些嗎？有多少相關是超過我們個人能夠想得到的呢？

比昂的linking，是指潛意識裡某些內容之間被聯結，產生了某種意義，他是依著克萊因的「死亡本能」論述，說明原本應該相互聯結的某些訊息，被

「死亡本能」破壞了，而以attack on linking（對聯結的攻擊）的方式出現；佐證個案呈現出的材料，常常是破碎片斷的人生模樣。比昂從人性發展觀察，一般常見的聯結消失，而移情會產生錯誤的聯結，這裡所指的是，該被聯結或值得聯結的事項被打斷了，這對文明或創意的發展，是重大的損失，甚至某些聯結被打斷後，就很難再重新聯結起來。

那些早年經歷創傷者，內心如同滿地碎片的感受，對治療師來說，如何讓這些破碎的訊息，再重新聯結起來，是心理工作的重大工程。就實質來說，是什麼要和什麼聯結？由誰來決定聯結什麼？克萊因和不少人是以「整合」，作為處理分裂碎片的方式，但是「整合」，看來說得通，實作上卻難以達成任務，甚至是不必要的工作；如果這些碎片，是散置於大海中的孤島，是需要再以其它概念，作為處理碎片的方向。

Digesting：若出現一個難題，我們一時還難以決定如何回應時，我們可能會說，我再想想，或者說，讓我消化一下。那麼我們會做些什麼來達成我們所說的「消化」呢？「想想」跟「消化」是相同的事嗎？它們發生在不可知的世界裡，是做著相同的事嗎？何以我們會以消化道消化食物的比喻，來說明處理別人給我們難題的方式呢？

以進食後我們無所覺的消化過程，來比喻心智的運作，處理難以承受的痛苦，這是很有趣的現象，也許人們早就體會到，有些難題，需要如同消化般，在暗暗不可知的地方，以我們不自覺的方式進行，這是一般人都會有的經驗。

　　「消化」這字眼，在克萊因學派的文章裡是常見的，他們的用法雷同於腸胃道在我們不知不覺時，以它特有的機制，讓吞進去的東西被分解，再結合成新的物質，這是一道細緻的工程。由於一般食物都太粗大了，需要很多化學物質作為分解的工具，分解後被腸胃道吸收，再於身體器官裡，藉由某些觸媒而結合成新物質，維繫著生物體的持續生存。

　　那麼，心智是否如同身體一般，是一種機器？這意味著心智機制的消化，仍需要更多的術語，如同各式的消化酶，產生不同的作用，有的負責切斷分子，有的負責結合分子；如果深度心理學想要對內在心理運作，有更多的想像，就需要找出更多語詞來描繪這個過程，包括我們給予建議、意見或精神分析式的移情詮釋，都得評量考慮成員是否能消化得了，以免像是有病治病、無病補身，只是硬塞給成員一種說法。

　　Playing：也許有人覺得，「玩」不是重要的事，我們何以要把「玩」這件事，如此大張旗鼓呢？什麼才是玩呢？怎麼玩才是好玩呢？好不好玩和會不會

玩，跟什麼心理有關嗎？兒童是在玩裡長大，在玩裡學習和他人合作，但是大人的心理治療，需要談小孩的玩嗎？大人的玩和小孩的玩，是相同的嗎？

大人還玩著小孩的遊戲，才叫「玩」嗎？或者大人的玩是另有一套，不同於小孩玩的規則和方式，需要更多的疑問，來讓我們再重新想想「玩」這件事？如果有一個人被說，從小玩到大，這是批評或是讚許和欽佩呢？是讓人羨慕的事嗎？還有，工作是在玩嗎？兩者是相衝突的，或可能是相同的事呢？大家先有這些命題，來想像「玩」的多重性質。

佛洛伊德和克萊因對於玩或遊戲的概念，都有不少貢獻，我們採取的playing概念，是接近溫尼科特的論點，不是採用squiggle的遊戲方式，而是「玩」相關的概念，尤其是在*Playing and reality*這本書裡開展出來的，關於遊戲的經驗和理論；這裡都以「玩」來代替「遊戲」的說法，以他的理論和一般常聽說的，過渡客體或過渡空間，加上他有關「玩」的概念也和「創造力」概念相銜接，擴大了「玩」的運用範圍，讓玩不再只是自己玩，也涉及和客體一起玩，包括外在客體和內在客體。

「起風了」強調孤獨的能力以及與他人合作的能力，是一體兩面的想法，兩者是接近的，因此我們採納溫尼科特的「玩」的概念，讓前述關於「玩」是什

麼、好不好玩等,作為團體能夠走向深度心理學的命題,在團體心理治療的過程,累積我們的經驗。

　　Living:我們聽過「生不如死」的說法,雖是生,但覺得不如死,這是比死還死的生,或是死呢?生的人是如何覺得死是什麼呢?怎會有「不如死」的感受或想像呢?這只是一句誇張的說詞嗎?這裡的死,除了某種想像的「生」之外,如果不是如想像的這種生,就是死嗎?另外,也有「行屍走肉」的說法,是指雖然活著,但像是死掉了,活著比「生不如死」還更確定的某種死。這些比喻都是在描述「生」,而不是要指明「死」是什麼,也顯示了生著、活著的一些可能性。

　　「起風了」嘗試用溫尼科特的概念作為起步,讓這些命題的探索,仍得以持續;人在面對生命過程的失落所帶來的死亡感,是早就存在的,他在《遊戲與真實》的第二章:〈Dreaming, Fantasying, and Living〉提出的dreaming是帶有詩意般,可以被詮釋的素材,但也有著某種他主張的fantasying,是把人帶往死巷的幻想,會干擾外在現實的行動和生活,更會干擾夢和內在的心理真實。

　　溫尼科特認為這些被干擾的,都是個體活著的核心(living core)。這裡所談論的行動、生活、夢和心理真實,需要他所提出的「過渡空間」的創意作為基

礎，對溫尼科特來說，他所談論的living，常是和「創造力」一起，構成有創意地活著並活下去，這和他所提出來的playing，有相互輝映的功能。

起風了三態度

相較於一般熟悉的「精神分析的態度」語彙，例如，鏡子般的反映態度、中立態度、客觀態度、分析的態度、不批判的態度，或比昂的no memory, no desire（沒有記憶、沒有欲望）等，臨床上對於治療的規範或指引，我們採用了三個un-：unknown, uncertainty, unconsoled，作為「起風了」團體心理治療師的工作態度；這三種工作態度看似容易了解，不過不容易做得到，是需要訓練的過程，或者說這是某種「境界」，讓我們可以逐漸處於這種狀態，而不是只依著字詞表面的說法，來了解它的困難度，因此，如何不被困難擊垮，是很重要的事。

Unknown：雖然一般是以「未知」來理解這語詞，我們採取「無可了解」，意味著我們持續不斷地努力，想了解那些言語難以觸及的所在。我們如果抱持著「已經知道和了解個案了」的態度，作為治療的出發，這樣的認知是正確的嗎？或者這些知道和知識都需要先放一旁，才有可能真的了解對方？甚至我們

只是不斷地維持著想要了解的態度，但我們所做的任何努力，最終只是讓我們體會到，「無可了解」才是最真實的人性處境。不過，這不是說我們不想了解，而是我們窮盡精力想要有所了解，一如在治療的過程裡的努力，只是我們最終需要知道，人其實最後仍是「無可了解」。

　　一般總是希望，在明明白白的心志裡過一生，但最終，我們對人生仍是一無所知。精神分析家比昂歷經多年的努力，起初想要格式化內在世界的座標表格（Grid），後來終究是回到人性的真實場景：「無可了解」，作為我們想要了解自己和個案時的重要基礎態度。

　　Uncertainty：一般的譯詞是「不確定」，我們以「無可確定」來表達，意味著努力尋找人生的過程，我們百般想確定問題是什麼、如何解決時，有不少難以想像、不可思議的人性現象，其實是「無可確定」。一如有人過了一生，最後說「人生像一場夢」，這句話有不同的解讀方式，但是以夢來比喻人生，意味著人生是需要被解讀、被分析，才有可能了解如夢般的多重可能性，但也如同夢般地「無可確定」真正的意義；這種態度和一般想像的，希望人性和生命有明確答案，是很衝突的。

　　如何達成「覺得生命是無可確定」的感受，需要

時間，讓自己可以有所體會；這種說法和態度，在我們的文化背景是熟悉的，尤其是以佛禪宗的經驗來說，人生最後是一無所得，塵歸塵；人其實無法控制所有變數，無法全然活在自己預期的情況裡。人生充滿了不確定的因素，構成我們所說的「無可確定」的感受，當我們把這句話當作是重要的態度時，並不是說，我們就已經清楚地有了人生的「無可確定」的體會，而只是一種態度，一種需要知道的意識，作為走向未來的某種狀態。我們相信，以這種態度和他人互動時，會有不同的過程和結局。

Unconsoled：「無可撫慰」，石黑一雄的同名小說[10]可以是很好的說明。當我們將焦點設定在生命歷程裡，人經歷大大小小的失落，所帶來精神上的苦痛時，這些苦痛是否可以被了解、被撫慰呢？我們無意說，一定無法被了解和撫慰，但我們也相信，有不少是「無可了解」且「無可撫慰」的；它們一直在伸張自己的「主體性」和「自主性」，想要表達自己的心聲，以我們意識很難了解或無可了解的方式存在著。

對我們來說，有些失落和苦痛是可以撫慰、有些是無可撫慰、有些是只能被部分地撫慰，這些都是同時存在。我們採取觀察和體會，有哪些「無可

---

10 《無可撫慰》，石黑一雄，新雨出版，2018。

撫慰」的失落和苦痛，讓人落於無創造力的虛無困境裡。

如何面對這三種「無可」的情況，維持治療師的工作態度呢？我們的日常用語：「盡人事，聽天命」，表達了某種貼切的答案，但是什麼是「盡人事」？要做到什麼程度、做什麼、不做什麼，勢必有很分歧的意見。「天命」又是什麼呢？雖然大部分人可以理解天命的意思，但要拿來作為治療過程的背景思考時，就需要更細緻地在理解和運用時，觀察其中的差異，甚至是採取相反的作法，卻仍是以相同的語詞來描述……。

起風了六忍耐

關於「忍耐」的層次，以下只是一種參考。我們需要在臨床過程裡，經驗這些層次，至少不會讓議題，變成只有「忍耐」或「不忍耐」兩種極端狀態；面對「分裂機制」所引發的二分法時，我們要如何增加兩端點之間的想像和創造力呢？而對於「無可了解」、「無可確定」、「無可撫慰」所帶來的焦慮時，是需要忍受和忍耐，但如何做才算是忍耐呢？

精神分析文獻裡，「忍耐」被當作是重要的基礎能力，不少文獻提及，如果要往前走，是需要對挫折

有容忍力，才有機會體會目前的挫折裡，有什麼值得留下的東西。但什麼是容忍、忍受或忍耐呢？這些常被當作是，後續能否處理事情的先決條件，但在我們的心智過程裡，能不能忍耐，是由很多潛在心理機制運作，所達成的綜合成果。我們需要在這個常被提及的語彙裡，找出更多的可能性和層次感，而不是讓「忍耐」變成只是克制和壓抑。

有人把「忍耐」分成六種層次：「力、忘、反、觀、喜、慈」，也就是力忍、忘忍、反忍、觀忍、喜忍和慈忍。從力忍到慈忍，有境界逐步增高的意思，雖然有人主張，最後一切皆可拋，不論是什麼層次的境界。不過我們還是先在人性層次，談談這個課題。對於這六種忍耐的方式，是無法清楚地分界限，我們相信這是光譜般忍耐的方式。

力忍：在光譜一端，這種忍耐需要的是，一般所說的用力的克制和壓抑，這是最低階的忍耐方式。臨床上，有不少個案覺得自己是強制壓抑，說是忍耐著某些不公平，因此「力忍」總會在後來的某個時候，情緒突然反彈式地大暴發，讓周遭的人覺得當事人小題大作或莫名其妙。

忘忍：是以遺忘的方式來達成忍耐，相對地少了用力克制的意思。但是如何能夠遺忘呢？或許比較接近精神分析所說的潛抑（repression）的方式，或者

我們需要用更多的細節來闡釋，關於遺忘而讓自己忍耐的心理機制。

反忍：不再只是一般所說的忍耐，而是更進一步對忍耐的內容，有更多的反思；或者這裡的「反」不是意識上的反省而已，而是潛意識地消化著需要忍耐的事。有人說「要與困難或受苦共舞」，這是一句漂亮的話，但是否可能理想化了真正的受苦，反而無法反思需要被忍耐的真實？

觀忍：意味著只是觀看著自己的狀態，理論上，好像不必用力，也不用反思，是在這些基礎上更往前跳脫，只要靜觀著受苦。這樣的靜觀不再只是盲目地忽視，而是在力忍、忘忍和反忍的基礎上，靜觀後的忍耐。在我們的佛教文化背景裡，這裡的「觀」，不只是一般的看，而是具有「看透」所受的苦之意，雖然什麼是看透了人生，仍是眾說紛紜，不過，不要放棄這些說法，它們仍是豐富精神分析後設心理學的在地文化基礎。

喜忍和慈忍：這是很高的人生境界了，對於需要忍耐的事，可以帶著歡喜，甚至帶著慈愛心看待人世間「需要受苦」這件事。要經由什麼樣的作為或修行，才能達到這種境界？精神分析或心理治療，能夠讓人達到這種境界嗎？需要哪些心理學的語詞，來構成喜忍和慈忍的內容呢？這是一般人可以達到的境界

嗎？我不能過於武斷地說，人一定做不到這種境界，但若要說，能夠做得到，還是得要保持戒慎的心態。

我們也可以疑問，這些不同的忍耐方式和層次，對於心理治療的過程有什麼功用？首先，至少讓我們想想，在聽成員說，「和某些人的關係是多麼壓抑自己，此刻要開始做自己，不想再這樣子被壓抑了。」是怎麼回事？想要「做自己」，是臨床相當常見的說法，如果我們只聽他的意見，以為問題來自於他的忍耐，就很容易以二分式的主張，對問題的解決變成「不要忍」就好了。但實情不是如此單純，畢竟如此單純的答案，早就在成員的想法和作法裡了。如果將忍耐暫以這六種層次來觀察和想像，可以讓我們先離開「要忍或不要再忍」的二分法簡化思維。另外，這種忍耐不是只針對和客體的關係，也包括對待自己、忍耐自己的方式。這些概念仍需要再回到臨床實作過程裡，來累積心理機制運作中，更細膩的想像和說明。

後記

這些想法幾乎是來自精神分析領域裡，眾多前輩的經驗描繪，雖然我們只是舉出幾個人的觀點，但我們相信，他們也都是站在前人的肩膀上，帶著我們看到更寬闊的視野。我們抱持著一個想像，是否有可能發展

出某種團體心理治療模式，成為如同精神分析取向心理治療般，長期且緩慢地，消化人生創傷所帶來的複雜經驗？畢竟，人自始以來的失落和創傷是無垠，乍看也無痕，卻以潛在隱微的方式，影響著生活的品質。

我們除了發展個別心理治療之外，也嘗試在目前各式盛行的團體裡，以「移情的金、建議的銅」作為團體心理治療主要的參考模式。從臨床工作的經驗來說，我們主張，和他人合作，以及享受孤獨做自己，是一體的兩面，兩者都是生存的某種能力，需要有更多的創造力。因此我們提出了〈起風了六因子〉、〈起風了七夢思〉、〈起風了三態度〉和〈起風了六忍耐〉，作為我們的參考指標。但任何指標就僅是可以有創意地活著並活下去的參考，並不是要依靠這些作為人生的目的，也許這些指標到最後，也都是可以拋棄的。

最後一次編輯是2019.10.28
2021.04.05修改

看！

人生劇場，內心戲開演中

成員的問題和症狀是不知不覺中形成的，他們也在找尋答案，為什麼自己會變成現在這個樣子？他們或許會找到一些理由，作為說明問題的來源。我們可以使用另一個角度來看這種現象——成員早年的經驗，尤其是創傷經驗，如同催眠般暗示了某些行為，他們可能不知道這些行為的真正意義，後來只能以各種理由，稍微解答自己的疑惑。

被暗示後遺留下來的問題

治療師在團體裡遇見了成員，聽他們說著自己的故事，但我們不曾參與他們生命早年的經歷，何況後來出現的問題和症狀，本質上是早年創傷下，被催眠暗示後的產物，隨著時間的演變，又滋長出其它衍生物，增添了後續不斷回想和猜測的情節；人就是這樣過著一生，當成員來到「起風了」，不論成員多堅持自己的故事版本，我們都需要尊重[11]。

既然成員來了，我們就跟著他們一起回想和猜想，當年可能是怎麼回事？也許永遠沒有機會知道歷史的實情是什麼了——我們和成員就這樣，一起走向未來的人生。他們還是不斷地述說以前的故事，或者展現乍看是老問題的無限重複，在比喻上可以說，

---

[11] 前一章與本章原為松德院區「團體心理治療領導者治療師手冊（二）：起風了6736個論」的主要內容，由於大部分主題在前一章已經詳述，本章僅作為論述的補充。

這些「重複」，就是早年被暗示所遺留下來的。

　　佛洛伊德當年受催眠術的影響，以填補遺忘的記憶作為技術的目標，不過在臨床實作上，是否真能憶起當年的歷史事實，仍是有爭議的命題，並且這個方向的功效，也不如當年的預期。他晚年在《在分析裡的建構》所標示的，也許更貼切些；據我們的推論，和成員一起建構那些故事，是一個方向，但建構出來的早年故事，是否可以解決問題，是個疑問，需要再參考其它變數。也許比昂後來強調無可確定和無可了解時，依據臨床的經驗，並不是在等待最後的答案，而是在尋找新的發現，讓治療的工作是無止盡的。

自主性的影子

　　一般常以「影子」象徵不被自覺的潛意識運作，如果依循影子的比喻，再進一步想像跟臨床實作之間的關係，我們需要確認的是，被當作影子的那些內容，它們也會宣稱自己的主體性，也就是它們也有自己的話要說。以影子的角度來看，它們自己就是主人了，我們在實作過程，得要尊重並慎重地看待它們的主體性和自主性。並不是說我們要認同它們，也不是它們一定是對的。實質上，要跳開對或錯的評斷，再細思——當一般想像的，把光照進暗黑，然後「暗黑就會不見了」的說法，在潛意識世界裡果真如此嗎？

不必然如此！光明來了，只是讓原本的暗黑更暗黑，不是不需要光，而是不能一廂情願地以為光明來了，暗黑就會自然退位。暗黑有它的機制，來進化自己不被光發現，因此以「影子」來比喻潛意識世界，也需要有個不同的想法，這種影子，不是光來了就不見了的影子，而是它已有自己的主體性，發展成一套依它的邏輯影響人的方式。這是個不怕光的影子，和原來的主人平起平坐。

　　這個「影子」有某些特色，如果硬要把它拉出來見光，它可能會死命地抗拒，不願被光曬乾。這也是何以一般情況，很難成功地除去影子，因為我們可能忽略了，它有自己的自主性，它當然拒絕出來見光，畢竟它是習慣以暗黑的方式做著決定。在這種比喻下，我們建構「起風了」的各式團體，作法上不是以直接見光死的策略，而是讓成員在團體流程裡，慢慢從自己顯現出來的行動裡，尤其是和他人合作的困難過程裡，觀察自己的影子。

　　〈七夢思〉是比昂探索描繪的feeling, thinking, dreaming, linking, digesting，以及溫尼科特概念裡的playing, living，這七項心理運作都是現在進行式，是在潛意識進行的感受、思考、做夢和聯結，我們如何透過這些字詞的意義，探索潛意識的運作，來了解自己的影子？畢竟，影子也是人的一部分，而且影子可能

不只有一尊，是眾多影子們以現在進行式的方式，影響著我們的行為。

我們以〈六因子〉為基礎，再加上〈七夢思〉作為團體心理治療往內心深處探究的方向，也就是，透過觀察〈六因子〉在團體裡的呈現，進一步想像和推論個人內心深處，此時此地的feeling, thinking, dreamimg, linking, digesting, playing, living如何運作。技術上，除了詮釋或同理，還有linking等這幾個現在式在進行，它們雖是日常用語，但比昂引用後，都給予了潛意識運作的意涵，這讓感受、思考、做夢和聯結，變得不再只是一般想得到的意義，而是具有潛意識運作的能耐。

「起風了」就是要在這些現實意識的基礎上，和成員們一起藉由團體心理治療的型式，從外顯的相互合作互動的困局，透過一般習慣的用語，再開展新的視野，來觀察自己的內心世界。

就實作過程來說，同時要想到〈六因子〉和〈七夢思〉是很困難的，但為了不停留在表面現象，這十三項要素必須持續存在我們後續的思索裡，讓我們和成員可以停頓一下，回頭看看，剛剛發生了什麼事？有什麼內心戲在上演著？這就足以在慢慢走的過程裡，達成某種深度的了解或轉型（transformation）。

主動與被動

　　關於治療師的主動或被動，是常被討論的課題，在「起風了」團體心理治療方案，主張大部分的人生問題，都需要時間來處理，因此在技術和態度上，是採取相對地較被動的方式。這種被動態度的主要目的，是假設可以讓成員的主動性逐漸增加，而不是只要求成員跟著我們做，好像我們比成員知道得更多似的？我們累積的人生經驗，不必然能夠了解成員是怎麼回事，仍需要依成員的談話和行動反應等來推測。

　　因此，我們的被動是有條件的，是為了不壓過成員的主動性，讓成員的主動性可以逐漸增加，逐漸自由地說自己的話。我們的被動，不是為了被動而被動，甚至不要被動得讓關係陷進死寂般的乏味，喪失創造力。然而，並無法有標準化的切入點，來衡量何時一定要被動。要多被動才是被動？我們主張，主動和被動是光譜的兩端，大部分的時候，我們是位於中間的某個地帶，在那裡是被動和主動混合在一起。

　　我們可以從精神分析史裡發生的事，來對比想想關於治療中主動和被動的議題。十九世紀末的維也納，對於「精神病」或「精神官能症」是什麼，都還在摸索中，但是個案就在眼前，需要治療，總是要有各種嘗試的理論來配合處理，這是科學發展的過程。當時，佛洛伊德從催眠術出走後，發展了精神分析，

以較被動的方式，聆聽個案說話，以「詮釋」作為核心技術的模式。

當時，他的學生費倫齊（Ferenczi）很有想法，常和佛洛伊德意見不同，但他並未如阿德勒或榮格離開精神分析的陣營。費倫齊發展了一套active的策略，界線的分際似乎是過了頭，例如治療師和個案結婚，或者再和個案的女兒談戀愛。這些主動的技藝，的確讓佛洛伊德和其他人覺得太過於驚嚇，使得後續者聽到「主動」二字就變臉色，好像「主動的技藝」就會走向費倫齊的模式。

試想一下實情。在診療室裡人和人之間的互動，怎麼可能完全沒有「主動」這項因子呢？經過多年的實作經驗，大家漸漸對主動或同理，相對不再那麼認定是非精神分析的技藝了。例如，葛林（A. Green）在〈死亡母親〉這篇文章裡提出，對於某些個案有同理之必要；葛林報告的個案原本還有愉快的童年，只是母親後來憂鬱症發作，忽略了他。相對的，我們目前在臨床上所見的個案，常是生命經驗更悲慘、更苦痛，可能連愉快的童年是什麼都不太知道的人，治療師在被動和詮釋技術之外，是需要好好地正視眼前的人。其實治療師不太可能，不曾做過某些主動的作為，對這些的觀察和描繪才能讓我們了解實情上，在主動和被動之間，是如何地交織出治療過程的起伏驚

悸和憂喜。

回頭來看費倫齊的主動技藝。在當年百家爭鳴，各自嘗試技法的年代，他是走過頭了，但是他的個案和佛洛伊德的個案是否類似？或者佛洛伊德的焦點只是在歇斯底里、強迫症和解離，這些表象的症狀群？以目前的經驗來推論，我們的視野調整後發現，「朵拉」和「狼人」等也是邊緣型個案，也就是除了歇斯底里症狀之外，還有目前被常作重要診斷的邊緣型人格和自戀型人格的課題。因此費倫齊的主動技藝，是否潛在地想要處理這些人格問題，只是當年對它們的了解有限，使得他的主動的技藝，變成做得太過份了。這跟我們目前在診療室裡所見的個案，是類似的現象，處理他們的問題，的確是需要在被動的核心基礎上有某些主動，至於如何做才是主動，仍是值得再深究的課題。

角色的主體性

成員和母親、父親之間，或者嬰孩時，嘴巴和乳房的互動關係，都是早年影響生命的故事，雖然嘴巴和乳房被稱為「部分客體」，不是一個完整的人，不過依據潛意識因子會發揮作用的角度，我們主張，這些部分客體都有自己的主體性，也會有自己的希望：要被看見、被聽見、和被了解。因此內心戲裡的豐富

性，不會只是父母兩個主要角色，而是跟成員一起活著並活下去的某些現象，都是戲裡的一個角色。加上治療師也有自己的內心戲，因此在團體裡，構成了熱鬧的戲碼。

團體裡重複上演一些相同的戲，惹來相同的問題，使得我們有難以推進的感受，這些感受自然也都會是舞台上，輪番出場的角色，雖然抽象難以定義；這是「起風了」團體的出發點，就是要觀察各種戲碼如何在團體裡演出。這裡的演出，不是指虛假的演戲，而是內心裡不同的角色在替自己發聲。

治療師嘗試聆聽和觀察這些複雜現象，這樣的過程，才有可能讓我們慢慢經驗著，比昂所提過的 feeling, thinking, dreaming, linking, digesting，以及溫尼科特的 playing, living 等重要概念在臨床上的意涵。在舞台內心戲的概念下，任何特質和情感，例如好乳房或壞乳房、善意或惡意、不滿或愉快等等，都會有它們各自的自主性，它們在潛意識裡，都是一個角色、一個主體，依據「生的本能」的推動，它們都在尋找機會，要上台替自己說出心聲。

治療師得先聆聽這些以晦澀難懂的方式上演的戲碼，尤其是我們覺得「真是不可思議啊！」它卻出現了，意味著我們是還沒有懂，我們需要再仔細觀察，讓了解成為可能的事。並不是我們熟悉了心理學的

理論，就了解成員了，我們要試著回到把理論當作是星空圖般遙遠的指標，成員在團體裡的過程，只是在地上探索著前面的路是什麼景象，我們和成員一起摸索，只能等待各式驚奇、愉悅和悲傷，每種感受都有自己的複雜故事等著被述說。

　　成員的某些內心戲裡兩極化的現象，會讓治療師或其它成員以為，需要一個答案；哪一個是最好的答案？我們採取的是，讓內心戲裡這些兩極化的答案，慢慢有更多中間地帶的感受，以一般的說法是「換個角度想，可能就會改觀了。」如果把這句日常話語，化成舞台上的角色理論，意味著，有時候需要從成員說出的故事裡，進入某個角色想像，它可能會再多說些什麼？會如何描繪它所看見的內心戲？這些雖然是來自於治療師的主觀想像，不過也讓我們在難以有出路，困在某個角色時，可以聽聽其它角色如何上場、如何演出和表達它們自己，也許這樣就有機會脫身，去發現新的出路。

等待新發現

　　「認識自己」，是指終於知道自己是怎樣的人？或者是指自己是多重性的，要一直發現自己？我們深知，「自己」本來就是多重的，不過這不是一般人的想像；「多重的自己」也許會讓人覺得有些矛盾，但

並不是多重人格；臨床上會如此感受並說出自己是多重人格者，通常比較是在生命早年創傷的過程太過驚嚇，需要強力運作「分裂機制」，來隔離那些讓他覺得恐怖的事。人的多樣性和多重性，不致於會讓當事者感到驚恐。

關於「自己」，精神分析剛開始發展時就具有的革命性的說法，但和一般的想法有所不同；一百年來，累積不少成就和論點，可能會讓人覺得，現有的理論已足以了解人性是什麼了，不過這也是一種錯覺；佛洛伊德晚年提出「無止盡的分析」，而比昂則直接表示，人性或心智是「無可確定和無可了解」，這反映著實作的經驗。比昂傳遞著，如果我們抱持著無可確定感，才能讓過程以自由為方法，同時也以自由為目標。

至於治療的目的，是要藉由詮釋來獲知潛意識裡在想像什麼，或者我們要相信，這是無止盡的探索？由於未來是如此地無可確定、無可了解，並無法做出人生的結論，我們要接受自己是航向未知，才會有更多的新發現。

依我們的經驗，以「自由」為軸，和以「無可確定」為軸，是有不同的感受，主要是「無可確定」的說法看似比較明確，而「自由」是什麼則更難標定。就實作過程來說，「分析的金」是以「自由聯想」和

「自由飄浮的注意力」為基礎，再審慎地加上必要的「建議的銅」，但是以「無可確定」和「無可了解」作為治療師需要抱持的態度，也許可以說，如此才是更貼近「分析的態度」。「起風了」團體心理治療，以不同媒介的團體型式，觀察移情，引進「移情的金、建議的銅」，並以無可確定和無可了解作為基本態度，期待能讓團體走得更深遠、更長久。

主體性的象徵變動與無可確定性

需要特別強調的是，關於主體性和無可確定性，是以具體情景來表達某些內在的象徵，一如佛洛伊德強調，夢是透過各種場景，表達「嬰孩式的欲望」（infantile wish），這是深度心理學想要探究的對象，如夢般的方式，來想像和貼近那些原始欲望。在團體治療的過程裡，我們所形成的聯想和描繪，仍得再被分析，才是走向潛意識深度心理學的皇家大道。並非以我們的理論，就可以當作是成員的內在世界。

不論是主體性或無可確定性，都帶有主觀且象徵的意味，在臨床上常是難以有具體客觀的內容，可以滿足那些狀態。因此我們是謹守著，如何使成員能夠逐漸地體會，所謂自己或真我的主體性，是帶有無可確定性的，也可以說，是一直在發展中的主體性，而不是一般想像的，以為主體性是一種固態般、硬梆梆

的存在，而忽略了實情上，主體的感受和想像，是變換中的現在進行式。

　　「主體性」，就一個人來說，是有如憲法般的象徵意味，大家認定的憲法是不變的，但是它的意涵卻需要一群大法官，與時俱進地詮釋或補充；人的主體性，也是自己覺得「自己是什麼」的感受和想像，是不斷演變的現在進行式，因此顯得無可確定。主體性和無可確定是連動，並且相聯結的，雖然是動態的現在進行式，但也不是毫無章法，讓人覺得錯亂。如果出現錯亂，那可能是有其它問題的干擾，而不是主體性的動態變化造成的。

　　無可確定性的存在，雖不致如前述的毫無章法，但潛意識世界的章法和現實世界的章法，兩者不必然相同，因此實際呈現出來的樣貌，是兩個世界的相互聯結、相互交流、相互生產的互動結果。「起風了」的目標，不只是現實世界的章法，是藉著人和人合作的困局，來探索潛在的章法，而這些章法如前所述，是構成主體性的重要基礎；〈七夢思〉作為主體性的現在進行式，展現人性的建構工程，也就是讓人覺得「什麼是自己」、「什麼是做自己」的潛在心智工程。

盲目裡的被看與看

　　先素描嬰兒發展過程裡的幾個狀態，並談談「被

看」與「看」所涉及的心理學。在生命早期「被看」的場景，是母親看著嬰兒，這是很重要的景緻；不少個案說，他們在家裡從來都不被正眼看待，不論他們怎麼做都沒有用，也許這個臨床現象的心理狀態，可以追溯到如此久遠之前。

另外，「原初場景」是一個有爭議的說法，有人會質疑，真有這種場景嗎？如果不是採用具體的「歷史事實」角度，而是強調「心理真實」，這是值得相信的；會有這種時候，嬰孩或稍大的小孩看著或感覺著，父母在床上進行的激烈活動，那些聲響是怎麼回事？是可怕的場景嗎？如果把這種場景比喻做「原初場景」，是個象徵的命名，在這個場景裡，嬰孩「看」著父母。

這兩種「被看」和「看」的問題，在心理學上，讓當事人成為某種創傷，甚至變成碎片般的心理，如果不被看見，或者以另一種說詞是，被忽略，不論身體或情感照顧的忽略，以目前的標準，都足以構成某種虐待。心理發展的過程，不被父母「看在眼裡」的小孩，臨床上可以看到，他們從小到大一直爭著要被別人看見，不論在朋友間或同事間都是如此，爭著要被別人看見！

這種爭著要被看見，常讓人覺得不可思議，而愈是不可思議，就意味著他的問題是起源於生命愈早

期。這種沒有被看見的情形，是足以讓人成為碎片般的存在，意味著，父母等重要客體的看或凝視，是可以讓嬰孩的主體性被看見，而形塑成為整體感的自己。這種說法可能被簡化——在照顧嬰孩的過程，不只是看著嬰孩而已；這裡所說的「被看」，是一種比喻，也許可以稍為擴大說法，是指「被用心注意」的意思。有視有見，而不是視而不見，這種延伸的比喻，在團體過程裡，我們可以觀察，當我們注意到某些成員的某些現象，並且加以討論時，就有專注或凝視的意義。我們無法說，我們的凝視，足以彌補成員當年的缺憾，這不是容易的事。

　　至於「原初場景」的看，如果被設定是小時候撞見恐懼難解的場面，這讓成員在面對和他人關係裡，某些難解的情境時，易充滿恐怖和不安，好像他的「難以了解」，讓他被某種無以名之的空洞淹沒，自己會不見了，因此不能再看，有人說這是「盲目」，或無視於眼中的大木，因為看見的東西令人驚恐難安。

　　這種後續的盲目，讓嬰孩的心理發展如同碎片般，但每一碎片都有自主性，都是一個新的主體，每個主體都有自己要伸張的欲望。這是臨床常見的，深不可見底的欲望，沒有人可以了解他們，沒有人可以讓它感到滿意，因為每個碎片都要當家作主，使得這

種眾聲喧嘩，難以共鳴成有創意的人生曲目，成為零散破碎的孤立和失落。

傳統概念「伊底帕斯情結」裡的看和被看，佛洛伊德引進這個故事寓意到深度心理學的領域後，被認為是代與代之間的必要界限，或是嬰孩和父母間所形成的三角情結。如果依著A. Ferro的「舞台理論」，結合比昂的論點，任何個人的內心戲裡，都是一個群體，因此呈現的是「團體的動力」。

這個主張很貼切，意味著人從出生，和客體接觸後就是一個團體過程，呈現的是「內在團體動力」的發展。其實依古典理論者的主張，人格結構裡的自我、原我和超我，這三個「我」就足以構成定義上的「團體」，只是其它理論很少從團體動力的角度，來描繪臨床過程裡的內在心理。「伊底帕斯情結」雖說是三角情結，但從前述想法來說，已經是三個團體的動力現象，不過，前述嬰兒期「被看」的經驗，和原初場景裡的「看」，所帶來的經驗都會是後來的「伊底帕斯情結」的基礎。

戲劇《伊底帕斯王》裡，伊底帕斯王執意要替自己找出真相，弒父娶母，到後來了解真相，刺瞎自己的眼睛；象徵上，是不想真的看見、後悔看見嗎？或者先前兩個場景的「看」和「被看」經驗，帶來的碎片感，拼湊成了後來「伊底帕斯情結」的困境？或許

可以說，更早期出現的碎片般狀態，構成後來「伊底帕斯情結」的多重樣貌。臨床上，純粹的精神官能症個案不是那麼常見，比較多的是混合著先前場景所累積下來的碎片感，尤其是邊緣型人格者，呈現強烈兩極化、非黑即白的問題。

Mindfulness不必然是正念

Mindfulness譯作「正念」，或冥想、靜觀、靜思、專注在呼吸不做它想……，我們需要知道，不同的譯法就會反映後續不同聯想和操作方式；何以要在團體心理治療的建構裡談論這些呢？主要是「起風了」以「創傷與精神官能症」為主題，相對地聚焦在失落和憂鬱的相關現象。

一般社會大眾會說，憂鬱是源於「負向想法」，然後以「正向想法」來取代就好了，這是催眠術暗示法的遺跡，以現在的語詞來說，是一種建議法，乍看易懂，也有初步的「療癒感」，只是臨床上離嚴謹心理治療的cure有很大距離。

「正向心理學」，反證了我們主張的「失落和憂鬱」作為主角的緣由，當社會愈流行正向或正念裡的「正」，意味著「失落和憂鬱」是多麼重要的課題。由於採納的語詞和概念不同，就會航向不同的航道；寬闊的人生大海，「起風了」有我們的方向要起航，

不再只是正向或負向，而是想像正負兩極的中間，還有很多非正非負、不正不負。這麼說會被誤解為，沒有定見或只是牆頭草嗎？

我們還需要再探索其它的，讓方向走向「可以孤獨」、「可以合作」，以「是否有創意」作為基準，最後是不再執著於有個「我」，要「放下」，這是很難、甚至不可能抵達的境界，但是需要有它們作為大空的星圖，讓人們可以想像和夢思。

對於「此時此地」，我們說的語詞是，「當下」所做的觀察。但是要觀察什麼呢？如果是無法被五官觸及的領域要怎麼觀察呢？如何從經驗裡學習呢？「經驗」是什麼呢？我們需要將意識層次的「反省」或「反思」的能力加進來，這是在「移情的金」上，加進「建議的銅」的課題，不只是教育技法的問題，而是我們要經驗或體會到意識之外的「意在言外」，但不能將那些「意在言外」的詮釋，偏執地硬塞給學員。

正念或冥想、靜觀、靜思、專注在呼吸不做它想，這些語詞早就存在我們在地的文化，尤其是佛禪宗的語言裡，如果要深入探究這些語詞在臨床的運用，是得回到在地的語言摸索，而不是只著重正念裡的初步「療癒感」，反而忽略了語詞裡，隱含的技藝，是一門高深學問的境界。

消極、積極／主動、被動

　　「主體性」會一直想伸張自己的某種存在，它是主動積極的，但是它只能捕捉一些現象，作為養份來說明自己。就潛意識而言，任何小的因子，即使如某個想法，都有自己的主體性，都會變成一個替自己發聲的主體，一如夢形成的主要因子「嬰孩式的期望」（infantile wish），為了表達自己，一直以各種方式出現在夢裡。這些潛在發聲的主體，呈現出來的內容和現象，都需要再詮釋或轉譯，包括成員直接說出來的生活故事，我們假設在本質上仍如夢的內容，也要再被分析、解讀、詮釋或轉譯。

　　我們如何在主動或被動、消極或積極的態度裡思索這些事呢？這是很困難的課題，只能說有時要主動、有時要被動、有時要積極、有時要消極，但這些「有時」是潛在心理的實情嗎？有辦法這麼清晰分野嗎？這些「有時」有明顯具體的內容作為指標嗎？

　　我們是在想像上隨時抱持著主動積極的態度，而外顯出來的行動和說話要多少主動、多少被動，則是永遠值得思索的難題，不可能有一個指示，可以包含所有情境，讓我們作為依循；如果比昂提出的，「無可確定」和「無可了解」是生命實情，就更難以設定依循指標了。不過我們相信，會有個隱形的界限和方向，隱隱指引著治療師做出一些決定，我們傾向以

「被動」為主軸做基礎，但是依著移情的需要而採取必要的主動。所謂依著移情，是指如果移情上，治療師是被放在如葛林所說「死亡母親」般地被投射，或者更嚴重的撕裂時，我們是需要採取主動策略，目的是要讓成員覺得，我們還活著，心裡也在場，不是只有身體在場。

至於要主動做什麼？是否只有詮釋？我們主張處在這種情境裡，起初是需要提供一些同理，或是從個案的故事裡，問一些不了解的事，讓個案感受到我們仍然存在，而不是過於急切地以為提供重大的意見，就可以讓個案馬上改變。

臨床上常見到，主動的個案會覺得自己是被動的受害人，因此關於主動或被動的課題，仍需要回到個人的私密定義，來探詢和想像相對動態或動力消長的連動關係；是否接近生命實情的是「沒有積極也沒有消極」這件事，有的是「消極和積極的共同組合」？實作上，這些觀察和想像都得再回到移情和反移情來做推想。

就溝通而言，不論主動、被動或消極、積極，仍需要有個判準，整體的目的是要讓成員能夠有更大的空間，來想像自己的狀態，建構自己的以前、現在和未來，如此才不會陷在二分式的兩極化分裂困頓裡，以為兩端點上是最好的答案，卻只是保護自己的說詞，

難以有創意的浮現。

在移情裡或外

　　此刻若成員有移情，要先讓他知道？或者讓移情更深刻後，再提出說明？我們主張，進入或處在移情裡，再醞釀、再深入，更能夠被成員感受到它的存在後再指出來，並一起回頭看，剛剛有什麼內容，可以作為思索和討論的材料？

　　這些說明裡隱含著技術的課題。治療者需要判斷，什麼時候對可能的移情做出詮釋，讓成員對自己的移情有所了解，進而產生洞識感。在「起風了」的各式團體，我們是採取保守的策略，先觀察和想像移情和反移情，在盡量不馬上做詮釋的情況下，和成員一起摸索如何走下去。這種策略不是絕對的，只是先累積更多經驗，畢竟「起風了」團體所採取的，是藉由各種生活媒介，如藝術、文學或電影等為起點，不純粹只是談話式的模式，因此我們先不馬上「橫的移植」精神分析取向心理治療的詮釋技術。

　　就算只是觀察，還是值得多了解移情處理時機的背後想像；是否在感受到個案有某種移情時，就要直接詮釋？是否需要再等些時候，讓某些移情再醞釀，讓成員更退化、更成形、更貼近早年的經驗？若要等待，自然得評估成員目前是否有能耐承受得住這種

「更退化」，所帶來的更強烈、更濃烈的移情？如果無法承受，也許就需要先指出來，讓移情停留在這個時候，等待以後有機會，個案能夠承受時再指出來。這是所謂「在移情裡或外」的意思。在移情裡，是指感受和觀察移情的發展，但不要太快詮釋，因為詮釋後就打破了移情的發展，讓兩個人站到移情外了。

　　不過，這只是理論上的假設。例如，是否需要發展詮釋移情的策略，但不是要讓移情浮現出來？或者讓詮釋和處理的目標是，讓移情持續發展，去感受移情展現的多重性和層次感？同樣想著詮釋移情，卻帶來不同的結果；也就是，讓feeling能夠更貼近當年的經驗，這是一種假設，尤其是對移情裡，隱含的情感和感受的原始想像。我們採用比昂的feeling的說法，進一步探索那些潛在不被察覺的情感。

再述七夢思

　　「起風了」是以「移情的金、建議的銅」作為工作模式，意味著我們除了注重意識上的現象外，同時也要觀察意識之外的訊息，這不必然是精神分析取向者的專利，不同取向者也有需要，這是個重要過程，需要等待，才能發現，不是意識覺得是什麼就一定是什麼，或者以一般語言來說，這是指人和人之間，情感上「是否需要溫度」的課題。但什麼才是「溫度」

的恰當作為和態度，而不是過頭或不足？

當我們說empathy、同理、同感或共感時，真正需要的是，這種感受可以在我們無法完全操控的世界裡走多遠，多接近成員內心裡有個想要被了解、被知道、被親近的地帶呢？雖然有人以「穿進別人鞋子」的比喻，來說明類似的概念，但在心理學上，有哪些內在被運作呢？

心理學作為一種專業，不能只停留在這個比喻上，需要再引用其它的語詞，進一步描繪。比昂引用feeling這個日常用詞，並以現在進行式彰顯它是持續運作中，反映著「此時此地」，及強調其中的潛意識部分。

通常我們會希望，直接問出我們想知道的，例如個案在想什麼？但比昂的thinking理念，雖然也是某種怎麼想，只是它強調的是潛在「不被自覺」的想；個案可能潛在地想著當年的某件事，然後就談論那件事，這是比昂說的thinking嗎？不必然是！這裡要指出的，另有某種和我們意識能想到的有所不同的隱藏內容，那是潛在不被自覺，有它自己的邏輯，但不是依「現實原則」做決定的邏輯。

例如，以前做了某件事，後來回想，覺得當年那麼做一定有某種想法，但不知那時是怎麼想的？這是比較接近比昂thinking的意思；這種潛在的「想」需要

再被分析。

其它治療或諮商模式可能評論，精神分析取向只是在「想」[12]，而且都想太多了，意味著其它型式的治療模式更著重情感，而不是只著重想法？就臨床實作來說，這種評論是種誤解，偏見早已造成，很難再改變。「起風了」直接跳過這種無謂的爭議，畢竟情感和想法，本就是相互牽連，對於我們來說，從意識的材料出發，但目標是要讓成員在團體心理治療裡，能夠有機會對自己不自覺的心理世界有所了解，不是只著重意識層次的想法或建議。

「起風了」的工作方式雖然有「建議的銅」，但我們的經驗是，任何建議如何被接納的過程，都涉及了移情和反移情的課題，差別在於是否有把移情和反移情，當作焦點來觀察或處理，就算只著重建議的給予，也不能無視於潛在的移情，會影響成員如何接納建議。我們的經驗發現，處理具有「分裂機制」二分式的特質，有些想法會帶來希望，使原本處於兩極化的處境有更寬廣的餘地，可以思考此刻底怎麼回事？這裡所指的thinking，是讓成員能夠有機會去想到那些不曾想過的想法，那些想法可能早就存在了，只是做決定的過程不曾浮現且被意識化。

---

[12] 可參考無境文化出版，《從言語誕生的現實》其中一篇〈想〉，Jean-Claude Lavie，賴怡妝譯，2010。

如果想要了解故事和表面說法之外的意義，是需要有「醒著的夢思」（waking dream thought）這個概念，將尋常說故事的內容，當作是夜間的「顯夢」那般，來重新想像和分析；這是讓我們重新了解被記得的故事時，很重要的一道步驟，唯有這樣的方式與態度，才能和催眠術的暗示有所區別。

　　「起風了」不排斥催眠術遺留下來的資產，但需要把說出來的故事，當作是在「夢工作」的運作下，所推演出來的記憶，我們要開展故事裡有著夢思的本質，讓故事不再被當作是「歷史事實」，而是說出來的故事就像是說出來的顯夢一樣。一般人很容易接受夜間的夢，但在說日常故事時，就很難想像故事裡出現的任何景象或物體，也會如夢般的意義，值得再被分析。比昂dreaming的說法，是讓我們知道，其實白天說的故事裡，不論是以前、現在或未來，任何跡象和物體都如夜夢的顯夢，有著等待被分析的意義。

　　那些早年創傷者，經歷的是成為碎片般的感受，如同散置於大海中的孤島，我們主張，比昂的linking在治療技術上，是較接近橋樑的建構，讓原本四散的生命訊息有機會相互聯結；這只是個開端，碎片如散置的島嶼般的訊息，透過橋樑得以相互交流互動後，會產生什麼樣的結果？常常不是開始時就能完全設定它的結果，而是在不斷地交流互動後，依著兩方原本已

有的訊息，產生了新的結果，也許這可以讓成員多了解自己的其它可能性，或者不必然馬上有什麼明顯功能，不過，如果能在很多破碎之間，都建構出橋樑作為聯結和交流，也許就會逐漸累積出新的風景，進而改變了「覺得自己是什麼」的新觀點。

在團體裡，治療師做些什麼才是linking呢？首先需要知道，「詮釋」是分析，也是破壞，如同切斷分子的聯結，這是詮釋和分析的本質，不論治療師是否善意或惡意。至於「建構」，是指運用想像，從個案說出來的故事裡，假想當年可能是什麼樣貌？因此是新搭建當年的心理狀態。至於linking，是將四散如孤島般的訊息聯結起來，就像在記憶的孤島之間，搭建出橋樑，讓四散的人生訊息可以從相互認識，到相互合作而有創意的產生。就目前的經驗來說，詮釋、建構和聯結，三者在心理治療的過程裡，都是不可或缺的重要技能。

就創傷者來說，個體的自我、原我和超我，三位代理者如何發揮阻抗，來保護創傷經驗免於過於干擾？個案失語、失憶和失聯的孤島現象，並不是經由詮釋就可以獲得洞見，這忽略了個案和治療師之間長期的「搏揉」，所帶來的連結效應。孤島之間連結後，會帶來的交流，不必然只有精神分析同溫層強調的術語，而是同時有其它材料的交流，構成了不同孤

島間互動的豐富性。這種情況常被忽略，以為只有在治療師說了什麼後，才是有作用發生，忽略了治療師能說些什麼而且有效用出現，是先前複雜交流下所累積經驗的成果。依我們的理解，這是接近比昂說的「直覺」，這樣的想像和態度，才能讓我們在無可確定的心智和人性裡，隨時有新的發現，而不是只在已有的說法裡，重複下著相同定型化的結論。

例如，合作的能力（比昂的「工作團體」概念所強調的）和孤獨的能力（溫尼科特所強調的）兩者被分裂而斷離，被當作是光譜般的兩個極端現象，這是兩者聯結被攻擊的結果，我們主張，它們是一體的兩面，如何在團體心理治療的過程裡重建或聯結，讓兩者之間是動態變化，而不是固守在兩極的某一端？當可以如此交流時，很多創意和生機就出現了。

個案在處理難以承受的失落和苦痛時，如何做到佛洛伊德在《哀悼與憂鬱》裡說的「哀悼」？那是意味著有種digesting（消化）現象的存在，它是不知不覺進行的機制，大部分人都有，但我們也懷疑，果真有佛洛伊德所描繪的，純粹的哀悼狀態？不會帶著某種程度的憂鬱嗎？我們傾向主張，沒有純粹的哀悼，有的是「不同程度的憂鬱」，這不是硬要塞一個病名給所有人，我們提出的論點，是嘗試尋找不讓自己漠視或盲目於生命早年失落的創傷，它是深深地影響著人

的生活品質，並不是以具體明顯的方式出現，而是生活細節裡種種小失落，累積而成的受苦。這些經驗值得我們再深究體會，讓我們有不同的視野重新看待自己，也重新定義自己。

feeling, thinking, dreaming, linking, digesting, playing和living等〈七夢思〉，是相互連動影響的機制，以現在進行式的型式存在，呼應著不論任何取向的心理治療，即使要給建議，也都需要對「此時此地」的關係有所了解和體會；這是指人和人交流時，不自覺的情感和想法，畢竟這是同理或同感的重要基礎，有這些想像和體會，才不致於讓建議和善意變成負擔，或甚至是冒犯到對方。

對於專業職人來說，需要意識化這些潛在動態變化中的關係，也就是移情的觀察和描繪，這是專業職人和一般朋友之間的差別；體會他人狀態的觀察和想像，會有主觀的成份，因此要保持著戒慎，不自以為客觀地做著善意的建議。

對這些主觀變動中的移情和反移情的觀察，是同理或同感（empathy）的重要基礎，〈七夢思〉雖然無法說出所有心智運作的機制，不過至少是可以想像的七項指標，當作我們走往內心世界的探照燈，提供進一步探索的概念和心理地圖。這些概念的結合運用，對於我們的專業是個起步。

另一個常被用的integrating，「整合」之意，依據我們的了解，目前在臨床實作上，這個字已逐漸不被強調，雖然仍有一些人在日常用語裡，談論分裂的兩端意見時，很容易就浮現「整合」的想法，以為處理兩極端時，就要以「整合」作為技術的指標，就實作來說，硬在兩極端裡談論「整合」，是幾乎不可能的任務，甚至可能帶來相反效果。例如，以台灣深藍和深綠基本教義派的政治兩極化來說，如果能讓兩方之間的中間地帶擴大，中間地帶的支持者能夠有創意地處理兩極端的相互叫陣，就算兩極端各有影響力，也不致於淹沒整體，也就更顯現出多元的價值，這就是integrating需要由linking和digesting兩者來取代的作用。

從悲慘到幸福的路上，
需要多少活下去的創意？

初談松德院區「精神官能症」治療與訓練模式的夢想

個案覺得不知何故，生活總是如此悲慘，不幸的事總是發生在他身上！

心理治療過程，要能夠走到可以讓他了解，除了是別人的影響外，這樣的結果，也跟自己有關係；但是知道問題跟自己有關，不會是快樂的事。佛洛伊德曾說，對於精神官能症的處理，能夠走到這個程度就很難得了，也就是，從潛意識不自覺的悲慘（unconscious misery），走到意識上的不快樂（conscious unhappiness）；在心理學上，能再從這裡走向快樂嗎？我們還不知道！只是不排斥一起來想想，讓我們面對以前的災難和悲慘時，逐步把這些不快樂，變成可以在日常生活裡消化和思索的事情。

「起風了」，是要把內心風暴的瘋狂轉化成微風的過程，這種「瘋」不是思覺失調症（精神分裂），而是心裡擔心自己再這樣下去會剎不住車，會真的瘋了。這種瘋，是無力感的力量轉型的方式，以創傷、失落和空洞感為主要焦點，佐以無力感、無助感和無望感，它們發揮極大的破壞力，拉住自己、家人和團體，因而難以發揮功能，因此，我們要以創造力和創意作為帶領；這個方案是希望個案仍留在原來轉介的醫師那裡，「起風了」團體則是在能力能做到的基礎上，提供支援治療的模式；我們還有長路，需要建構理論和實務，以及尋求行政系統上的支持。

我們的目標有治療、訓練和研究三部分，精神官能症特殊處遇方案的模式，則包括精神分析取向和其它取向，希望這些可以在松德院區生根，長長久久，不會因為人員的更迭，而帶來太大的不穩定；這讓松德院區的精神病和精神官能症個案，有明確的方案處遇，也讓松德院區在住院醫師訓練上，有更具體的內容，並增加松德院區的個案來源。

活動的型式

日間活動方案的執行模式，個案仍是屬於原轉介的醫師，不論是院內或院外的轉介，由個案跟我們討論出他們要參與的活動團體。每天安排不同的活動方案，例如藝術治療、園藝治療、讀劇團體、台灣文學團體、小說團體、運動團體、電影團體、書寫團體、心理學教室、禪繞畫團體和文化教室等等各式團體（可以引進現有的模式，也可以自創），以及心理學的知識課題，甚至結合參與松德院區的某些公開活動。這些不同的活動和團體，需要有一個共通的概念作為基礎。

由於這些活動大都是採用團體的型式，因此除了原本的特色之外，我們需要採用比昂的「基本假設團體」（Basic Assumptions Group）和調整過的「團體關係研討會」(Group Relations Conference)的架構，作為

聯結不同活動和團體的基礎，這樣才能讓所有活動和團體間，產生有機化活力的合作和互動，並藉由此，作為評估個案問題的主要場域。這是因為每位個案，可能參與多個不同類型的團體。

所謂「基本假設團體」，是指一群人要合作某件任務的過程，會經歷一些內部的依賴、配對和打帶跑的心理歷程，這是具有破壞力的因子，阻礙著團體變成可以完成指定任務的「工作團體」（work group）。

至於「團體關係研討會」，是成員在不同團體裡交流，並要完成某項任務；在這些大大小小的團體裡，成員會經歷「基本假設團體」的體驗和發現。我們打算成立各式各樣的團體，作為整體的一個環節，讓原本的團體不再只是承擔治療模式所期待的功能，而同時能讓參與者經驗著在不同的團體間，那些基本假設因子如何如影隨形，因而有機會觀察到自己的人際（interpersonal）困局裡，所隱含的內在心理（intrapsychic）難題。

最簡明的說法是，日常生活裡的各種活動以及和他人在一起所做的事情，不少都是以群體的方式進行，但在日常生活，很難慢慢靜下來觀察自己的情況，以及當時內心裡的點點滴滴。在「起風了」方案裡，各式的團體結構就如同從生活裡搬來的活動，但時間和地點固定，可以讓人因此沈靜下來，體會

在團體裡的種種，以及經驗人和人之間合作的難
題；一如佛禪宗所說的，生活到處是禪意，這是
「動中禪」，是較困難的生命流轉，不易靜下來體會
它的禪意。而「靜中禪」，是在某個地點，如佛堂裡
的打坐，讓自己沈穩下來。對一般人來說，「靜中
禪」是重要的體驗所在[13]。

　　各團體的領導者需要參與共訓一段時間，培養大
家的團隊默契，作為各團體間以後個案交流的互信基
礎。各團體間採取定時或不定時的交流，這些合作的
過程，也是評估個案人際困難和內在心理世界的一部
分。另外，個案在「起風了」方案裡，雖然是以人際
合作的難題作為觀察焦點，但是和他人合作有困難的
個案，臨床經驗上，也常是難以自處和難以承受孤獨
的人，也就是，能夠孤獨有創意地做自己，以及在團
體裡能夠和他人合作完成某些事，是一體兩面，不是
相互衝突的。

　　活動領導者設定為「思想起」的治療師學員（都
是有心理師執照者）、退休的醫護或其它在職者……，
住院醫師在不影響原本的工作下，可選擇有興趣的團
體參與，短時或長期，但不是只參與團體運作，而是
需要與工作人員一起討論，來累積相關的知識。

---

[13] 這是劉佳昌醫師補充的說法，他提到「起風了」方案的各式團體是接近「日常
生活化」，這是很好的描繪。

「起風了」希望每天至少有四個活動方案，每週五天，一週要二十個以上的活動。地點設在松德院區第一院區的某處或者多個地方。原則上是在健保體系裡支出費用。由於和「7D精神官能症病房」[14]的目的不同，因此是各自獨立運作，但是相關的團體，可以讓病人參與而有所交流，並隨著運作時間的觀察，增加兩者之間的互動。

參加「起風了」的目的

　　我們以探索自己、了解自己和認識自己作為出發，讓個案參加各式團體活動，觀察他們和他人合作的困難，來探索「做自己」的課題。溫尼科特說，「沒有嬰兒這件事，有的是嬰兒和母親」，這是心理學的說法，人都是在客體的眼光裡看見自己，一如在團體裡看見自己。

　　而「孤獨作為一種能力」，是指在有客體存在的情況下，也包括內在客體，依我們的說法是，愈有能力享受孤獨，或者讓孤獨是件有創造力的存在時，和他人合作完成任務的能力也是平行存在，不是相互矛盾。「起風了」方案是採取透過團體型式的經驗，觀察並體會與他人合作的困難，作為尋找「做自己」和

---

[14] 松德院區的「7D精神官能症病房」，屬於憂鬱症、焦慮症、恐慌症、躁鬱症等精神官能症專責病房。

「享受孤獨」的出發。

主要架構一

　　我們以「起風了」作為專案的名稱，而以「創傷和精神官能症」對外表達我們要治療的內容，讓生物─心理─社會學（Bio-Psycho-Social）的處置，再度騰出空間，來想像「精神官能症」是什麼。

　　整體模式的架構是，讓病人觀察自己的精神官能症如何帶來困擾，尤其是何以無法和他人好好合作，以致於參與的團體不能成為「工作團體」，來完成某件任務？這是假設，深度的心理課題可以藉由這個過程來呈現。

　　人生愈早年的心理創傷，將會影響愈多層面，並不是如一般想像的，以為知道了某創傷事件，深入說出那個故事，痛苦就會改善；由於那些影響，早就印刻在多層面的行動和情感反應裡了，並不是再想起故事，就能修正行為。我們採取的態度，在比喻上，是如何結合一百個人往前走一步，而不是獨自一個人往前走一百步。因此，如何串連一百個人，讓原本有衝突的內在世界得以牽連起來互動，再於這些基礎上往前合作走一步，就是我們的方向。

　　創傷的記憶，並不是以故事的方式被記得，而是變成了不自覺的複雜行動，如同佛洛伊德宣稱，生命

早年的記憶，不是在說出來的故事裡，「行動」才是真正的記憶。個別治療裡，這些行動會投射在治療師身上，成為「移情」；團體裡，則會投射到其它成員和帶領者身上，影響和他人合作的關係而無法順利完成某件任務。

另外，一般人容易誤解，以為個案的問題是如同「一串粽子」，只要找到了核心的「情結」，就可以把整串粽子拉起來，然後問題就清楚也解決了。這並非臨床的經驗，實情上，個案更像是走在「一團迷霧」裡，他們在意識上說著歸因的事件，認為是造成他們目前問題的主要來源，卻又說，不知道怎麼回事？

由於人很難讓自己去體會走在「一團迷霧」裡的感受，總是會想要找出預設的原因，只是這些常常不是真正的原因，或者是原因之一，但還有更多的細節被視而不見。

主要架構二

我們要讓個案知道，不論他們的精神官能症診斷是什麼，他們來參與各式團體活動，是為了研究自己和訓練自己，而不是以為治療師會知道他們的問題，馬上可以給他們答案和建議；並且進一步地，個案和治療師要一起合作判斷，是否能夠或需

要走向深度心理治療，包括進入心理支持層次至深度心理探索的不同團體。

　　這是針對松德院區現有能力作為基礎，再加上新的構思來發展的模式，為了可以繼續延續，是需要不同科別的關切與投注，這樣就愈能以結構式的方式存在，不會隨著建構者的離職而消失。松德院區要建構的目標不只是處理病人的問題，同時也要發展成相關學員訓練和研究的所在。

團體帶領者需要具備什麼能力？

　　團體帶領者的能力，也意味著個案來這裡時，會以什麼方式被對待。

　　一、以團體型式的活動，要有團體動力概念，還要有對潛意識經驗的能力；雖不一定需要如精神分析取向的詮釋，但不論是何種型式的團體，帶領者要能觀察和想像個案在團體裡，對於帶領者和其他成員的「移情」可能是什麼？這種能力是觀察「基本假設團體」三項因子的基礎，因為這些因子並不是直接透過言語告訴我們，而是透過個案在團體裡微細行動所隱含的移情，來推想個案是處於何種因子裡？或者無時無刻都處在這三項因子裡，以不同的比重存在著。

　　二、需要了解一般所說的「療癒感」，到嚴謹的cure間的差距。例如，看了一部電影，或看了一隻可愛

小貓的動作，或讀了一段小說，覺得好「療癒」，這是一般常有的感受，這也顯示具有療癒的現象是重要的，可說是情感品質或美學的經驗。不過，值得大家更進一步加以區分的是，這種「療癒」距離嚴謹的cure是很遠的，就專業來說，不能只停在一般的療癒感裡，說些漂亮話就以為是cure，這是矮化了專業治療模式。

二·要了解活動本身的功能和侷限，以及可能的副作用。不同活動模式的存在，都有它存在的意義和道理，但若不在意，忽略觀察本身模式的侷限，就會讓那些模式被過於膨脹，甚至出現如「一言可以興邦，一言可以喪邦」的副作用。如果一昧地在意功效，而忽略侷限和副作用，意味著這是不足以作為嚴謹治療的模式。

個案參與團體後會認識到自己的什麼？

「起風了」的觀察和評估模式，是以個案在形成「工作團體」的過程裡，那些「基本假設團體」因子在他身上，如何透過行動而外顯出來，精神分析的術語叫「行動化」（acting out）；這是必然會出現的歷程，也是早年記憶要展現自己，替自己發言的重要方式。我們認為這些行動，是內心世界「表達式的藝術」，有它的內在理由等待探索，而不是認為那是不

好的行動，就要趕緊弄掉，雖然要弄掉它，也是很困難的事。

　　個案來參加各式團體（這些團體有不少是屬於表達式的），過程裡除了原團體特色的內容外，個案可以從團體裡和他人合作的難題，來了解人際的困難以及內在世界的問題。有些問題是來自早年的心理創傷，並不是簡化的道理勸說，或短期的過程即可解決，因此，需要再依能力和意願，進一步安排個人心理治療，例如認知心理治療或精神分析取向心理治療。

哪些個案適合參加「起風了」方案？

　　焦慮或憂鬱等精神官能症，或合併有其它人格特質者，都可以來參加「起風了」方案。原則上，會以死作為威脅或自殺傾向強者，是不適宜這個方案。由於在松德院區是要建構穩紮穩打的模式，「起風了」是個案慢慢學習和了解的過程，若是緊急處理的心理事件，是不適合轉介的，因為在人力規劃上，那是需要很不一樣的體制，在一般門診和急診系統，也有運作已久的處理方式。除非以後有更多人員的專任編制，不然這是目前難以承載的工作。

更遠的未來

　　如果多年後，「起風了」穩定發展，加上認知治

療和「思想起」的精神分析取向的治療都持續進行，那麼有兩項仍值得思考的事。一是，急性處理心理事件的建制。二是，嚴重人格問題（如邊緣型和自戀型）個案心理治療時，同時需要的「個案管理人」制度的訓練和研究。

個案管理人的制度和診療室裡心理治療，兩者是同等困難的工作，都需要接受專業的訓練，因為這必須具備可以在電話中處理事情的能力，以及掌握家庭治療、團體治療和個別治療流程的能力，是一項綜合能力的展現。

「起風了」的基本假設

一、累積早年失落經驗的微創傷，而抑鬱空洞作為主線（憂鬱的系譜之一）。

在醫療系統裡，診斷條例從症狀表象所做出的分類，以前著重在焦慮和不安等相關症狀，後來則是「憂鬱」成為焦點。近來社會普遍認為「憂鬱」是負向想法所致，有個強大的聲音主張，要以正向想法來取代負向想法，作為治療憂鬱的方式；經由時間的驗證，發現並不是那麼單純，難解的依然難解，因此需要再回顧，草擬新的想法，來處理我們所面對的問題和困難。

我們是假設，人從小到大，累積了大大小小的失落創傷，從斷奶到親人的不如預期，或覺得自己失去了某些難以說清楚的東西，因而人生一直在追尋，難以安身立命。大家總是先關注表象的焦慮不安，隨著時間的演變，會出現更深沈的失落後的相關症狀。

二、以無力感（內在世界的能量分配投資課題）、無助感（涉及客體關係）、無望感（涉及時間感）三種感受，作為觀察和訓練的核心焦點。

關於「無」什麼，通常想到的解決方式是，讓「無」變成「有」，或者以「有什麼」來填塞「無什麼」，並主張這樣子就可以決定這些「無什麼」。不過，臨床上實情並不是如此簡化，無力感、無望感和無助感是有它的深沈心理動力，不是以「有」來取代「無」，就可以解決。

個案在團體形成合作，完成某目標的過程裡，不自覺地會被這三種「無」所影響，這個強大的作用力，拉牽著團體，走向困局；這是因為每個人都有這個部分存在內心深處，不是只有某些人才如此。因此，觀察這三種「無」，如何默默地影響著自己和團體裡其他人的互動，是深層的心理體驗。了解自己有多少力氣想要真的完成某件事，而且是和一群人一起完成，這和自己獨力完成某件事的經驗是很不同的。

三、自我為了個體可以活著和活下去，做了哪些防衛和創造？也就是，空洞感裡如何被創造出各種矛盾和衝突（焦慮和性課題），而活絡了活下去的力量？

　　我們提出了一個假設：在生命發展過程裡，對於重要客體未能滿足自己的想像和期待，造成各式創傷所累積的結果是「失落」，如被斷奶或被暴力對待等等，出於這些失落感，內心裡某個部分也會跟著失望而不見了，這在臨床上，個案會呈現出自卑和低自尊，甚至覺得自己早就已經死去了。

　　在這種情況下，「生的本能」以僅有的力道讓自己活著，並嘗試活下去，但是始終帶著空洞感和曾經失去了什麼的感受，在往後的生活裡，逐漸出現焦慮和不安；有人說那是來自性本能或死亡本能的糾纏矛盾，不過，既然是「本能」，就是很難看得見和摸得到，我們只能在表象，觀察到各式焦慮和不安在翻滾著，讓空洞不再那麼空洞難耐，或者他們會把這種難耐轉移到對某些事的擔心和害怕。

　　四、要讓個案知道，了解和解決問題之間，修通的過程仍有長路要走。

　　在群體活動或個別治療裡經驗到的現象，用某些術語命名時，只是個起步，並不必然是真正的清楚，

以術語說出的症狀也不會很快就改變，通常需要一段時間，深入術語所呈現的更多細節，但那常常又是個人化的生活經驗，無法以一些表面的話語完全表達；甚至記憶的故事之外，已經被遺忘的一些事件是更重要的，但硬要去想，它們也不會就浮現出來，卻會以不被自覺的行動來呈現，因此需要反覆地觀察，尤其是在團體裡和他人互動時，例如對治療師或團體領導人的態度裡，表現出那些被遺忘的記憶。

　　這並不是要貶低口述故事的重要性，而是人要了解自己時，還有某些不自覺卻呈現在行動裡的自己，只能在行動後再被看見，也才得以被了解是怎麼回事。有人會歸因這是人格問題，但我們不想窄化成只是那樣子，而是要大家理解，認識自己的途徑，是在說出來的故事加上行動出來的自己；這些現象的真正意義，以及它們如何影響一個人的情感和行為，仍是需要時間來觀察和探索，才能慢慢認識自己。我們要在緩慢的探索過程裡，找出解決問題以及重新看待自己的方式，這個過程叫做「修通」（working through）。

　　五、以比昂的「基本假設團體」裡的三種干擾因子：依賴、配對、打帶跑，觀察個案如何影響團體，使團體無法好好完成工作任務？

各式團體活動都有它們存在的價值，我們運用英國的「團體關係研討會」（Group Relations Conference）的概念，來統整不同團體，讓它們不再只是零星個別的活動，而是在共通的基礎上，發揮各自的特色；共通的基礎可以讓參與者在不同團體看見不同的自己，這是比昂的「工作團體」（work group）和「基本假設團體」（basic assumptions group）的概念，讓個案參與各式團體而初步認識某些困局，再指引出後續的心理深度探索的方向。

所謂「工作團體」，是指一群人集結起來，一起合作完成某些任務，但這並不是如想像中的容易，不必然有明確的目標，就會讓所有人的合作往前走。比昂發現，在形成可以一起工作的團體之前，幾乎都會出現三種現象——依賴（dependence）、配對（paring）以及打帶跑（fight-and-flight），他稱為「基本假設團體」三因子；團體合作很難避免這三種現象的干擾，因為它們的心理起源是早年的經驗所投射出來，而愈早年的心理因子，愈難用成人的語言說清楚，這也是何以不是在團體裡發現有這三項因子，就可以馬上解決問題。另外，比昂對這三個名詞的定義，不必然和一般常用的說法是完全一樣。

至於我們運用比昂的基本假設因子，作為「起風了」方案的概念基礎，並不全然以「在團體完成目

標」為主要訴求，而是藉由在團體裡和他人一起合作的過程，觀察自己的狀態。

六、以各式團體來評估、訓練、治療和研究。

「起風了」方案的團體，大都是原本就已經存在社會的各式活動，各有他們自己的基本理念，不過，在「起風了」另有新添的任務，它們要具有評估的功能：讓成員在團體裡認識到，自己和他人合作完成某項目標的困難，這些困難會透過人際互動呈現出來。

「起風了」也負責訓練未來的治療師，配合整體方案，保持著教學的目的，並且因為年輕學員的加入，帶來新的想法和活力，讓松德院區如活水般繼續傳承、永續經營。

七、以溫尼科特的「在客體陪伴下，孤獨能力的養成」以及「遊戲與現實（playing and reality）」為方向，結合比昂的概念來發展團體（佐以佛洛伊德的fort-da遊戲的概念：客體失落的描繪）。

溫尼科特主張的「孤獨」，並不是一般想像的，無法和他人相處，所帶來的孤僻和人群隔絕——這常是心理創傷後的反應，可能讓人陷在沒有創意的日子裡，或變成某種悲慘的處境。

他認為，「孤獨」是種能力，是人在客體對象存

在的情況下，具有的個人獨處的能力。客體對象可能是眼前具體的人，或者是心中的內在客體；如果內心裡缺乏可靠的內在客體時，人是很難有獨處的能力；或說這種孤獨的能力是指，在一個人獨處的情況，仍可以過著有創造力的日子，而不是被孤單淹沒，或沈浸在孤單裡怨天尤人。

在形成合作的過程，觀察個案和他人的互動方式，看似人際關係的問題，但「如何做自己」的問題，也必然會呈現出來，這是一體兩面。「做自己」，並不能在真空狀態下，而在群體中「做自己」，這個群體理論包括內在深處的心理；我們是以比昂的「基本假設團體」的因子，來評估觀察個案和他人合作的困局。

依臨床經驗，愈能和他人合作者，孤獨能力是愈強，也就是在孤獨時是愈有創造力。佛洛伊德著名的fort-da例子裡，小孩在母親出門後，自己玩著線圈軸，來回拉扯，讓線圈軸在長窗簾底下看不見了，再拉出來又看見了，這個過程是文明地處理了客體不在時的失落感。這種自己玩的能力，可以說是在和自己的其它部分合作，畢竟，遊戲是人在面對孤單時，重要能力的展現。

我們的主要策略，是以比昂的「基本假設團體」走到「工作團體」的過程，以及由這裡衍生出來的

「團體關係研討會」，觀察方向是以個體在群體裡，和他人合作的細微困難作為焦點，藉由這種方式呈現出人在發展過程裡，潛在和重要客體的關係；溫尼科特對於「孤獨作為一種能力」以及他的「遊戲和現實」的論述，雖然不是放在主要架構裡，卻是重要的背景概念。

　　八、深度心理學「象徵能力」的培養，不是唯一的方向，並不是所有個案都適合如此處理。

　　「象徵能力」的培養是我們的目標，所有團體的建構和運作，是以這個方向來協助個案。如果個案適合，就往這個方向進行，進一步做精神分析心理治療，這也是「思想起心理治療中心」在整個建構裡的一環。

　　對於精神分析取向心理治療來說，不是以明顯可見的具體目標作為焦點，因此無法期待可以很快有答案；個案是否需要這項心理治療，要和工作人員討論後再轉介，由「思想起心理治療中心」依個案狀況，或能否容納的現狀做決定；因為是採取長期的心理治療，加上人力的有限，可能無法馬上提供轉介，而需要一些必要的等待。

　　九、各種的治療模式，如靜坐、園藝、認知、正

念、藝術、運動或音樂等,都是以「分析的金、暗示的銅」為基礎,建立評估、訓練和治療的結構;訓練學員和治療個案同步進行,以兩年為最少的時間單位,尤其是不同取向治療師的培養。

「分析的金」的意義,佛洛伊德未多加解釋,我們是主張,應著重在移情和反移情的觀察;即使不是精神分析取向治療,我們認為,其它任何治療型式,也都有能力和方法觀察移情和反移情,這是重要的基礎。

在佛洛伊德的時代,他脫離催眠術後發展了精神分析,但是他後來發現,如果要擴大運用精神分析於更多人的心理治療時,得再回到催眠式的暗示。但他也強調,不是完全回到先前的催眠方式,而是以分析為基底的暗示。

我們把「暗示的銅」範圍加以擴大,例如以建議為主的認知治療,或其它的治療型式,它們各自運用原來的工作方式,加進觀察「基本假設團體」的三項因子,以及以調整過的「團體關係研討會」的作法為根基,於是不同的治療模式之間就可以串連起來。

不過,我們相信個別治療,包括認知治療和精神分析取向的治療,是最後程序的安排,但也相信,各式團體可以處理掉一些個案的問題。

案例說明（模擬的案例）

　　一位女性精神官能症個案來到松德，看了某位醫師的門診，她先以恐慌為主訴，後來描述她在工作上如何被他人排斥，她覺得自己很盡力做好自己的事情，卻總是得到這樣的結果，因此心情很不好。她很難描述自己的心情不好是什麼樣子，若被詢問更多的詳情，她會很不安、很焦慮，好像醫師是要刺探她什麼秘密。她重複說：「反正就是心情不好」、「一團糟的感覺」，她分不清楚那是什麼。後來，她表示媽媽一直看不起她，只看重哥哥，她覺得自己一無是處。但是她一直很努力，只是結果都不如預期，在工作上和同事難以相處，覺得同事也都沒把她看在眼裡，雖然她憑著能力和努力做到了低階幹部。

　　個案和醫師都覺得參加「起風了」能夠有所獲益，她來到「起風了」後，對於要安排何種活動方案很有意見，覺得挑戰性都太低了，好像沒有適合她的。不過她還是參加了兩項活動：讀劇團體和音樂團體。她參加讀劇團體，對於團體已經在討論的，何時到一樓大廳表演讀劇（註：往「工作團體」達成某項任務的方向邁進），馬上有個人意見。她很想參與，但大家約定的時段她無法來，因為要陪媽媽去看病，這也是她好不容易和同事喬好時間後才請假的。對於

何時她可以來參與這場表演，她很不確定，然後團體就陷在這些不安和不確定裡。她對於原本要讀易卜生的劇本「全民公敵」也有意見，覺得那太古老了，跟不上時代。

她的說法引起另兩位成員的不滿（註：配對），覺得她剛來團體，卻要大家都聽她的意見，感到很不舒服。她委屈地說，她只是提出意見，並沒有反對大家的意思，對於這兩位成員的不滿，她也很不滿。另一位成員數落她，說她不是只提出意見而已，而是要推翻大家的共識，但推翻後卻又不確定她能否參加。她委屈且不滿地說，她真的只是提出意見，不然就算了，她從現在起不再說話了（註：打帶跑）。然後，成員們都看向団體的帶領者，要他提出解決辦法，好像如果帶領者沒有做出有效的決定，大家就要散了的感覺（註：依賴），而且，如果這個議題無法決定，就更不可能另外安排讀劇団體和鉛筆畫団體互動的時間，以及那段時間的內容（註：修改版的Group Relations Conference）。

我們看到這些現象是否要當場說出來？或者要解決眼前的問題，仍得看団體當時的整體動力狀態？在此先呈現假設的模樣，幫助大家思考「起風了」運作時的可能方向。

對於她的狀況處理，包括她需要慢慢地在団體裡經驗自己和他人合作的種種難題，我們假設，她和他

人合作的難題，也反映著她在工作上和同事相處的難題，也是她從小到大在家裡的難題。這不是只有人際關係上社交技巧的課題，我們是主張，她可以在各式團體裡，體會更清楚、更細節的感受。至於她是否需要進一步安排個別心理治療（不論是認知治療或精神分析取向心理治療），這還要看她個人意願和時間分配等因素。通常我們是希望，她能夠建立起規律且長期的團體參與經驗，學習跟他人合作的方式。畢竟，她是走在自己的一團迷霧裡，她使用「心情不好」作為標記，這個標記就如同來到了「台北市」，那麼「台北市」是什麼呢？仍得要再走進去看看，打開自己的感官和觀察力，才有機會更進一步地了解和想像。

在團體裡，有些人可以讓自己經驗得更清楚，有些人則需要進一步作個人心理治療，才會有所進展，通常這都是長期的過程。不論在團體或個別治療裡，都需要時間，才能在一團迷霧裡，走出自己的天地，而不會繼續在工作上和他人相處不易，或在週末獨處時充滿了不安，有著老是不知道要做什麼的孤單。

上述只是簡化版的故事，「基本假設團體」因子的呈現方式是複雜且隱微，不必然如此明顯，它們會如同「夢工作」（dream work）般經過「取代」（displacement）或「濃縮」（condensation）的心理機制，因此個案需

要長期重複的觀察才能逐漸了解自己。

不論是團體或個別治療，我們都是採取不急躁，慢慢走才會走得比較遠的態度，這也是松德院區「起風了」的態度，要以「慢下來，看清楚」的方式進行，不然可能忙得團團轉，最後只是走進死巷。如果這個方案成形了，「起風了」會是松德院區裡的一環，不會因主事者和執行者的更動而停擺。「起風了」需要有更多人的關切和協助，如果能有愈多人關切，那麼「起風了」就走得愈深遠，這也是我們對松德院區的期待。

關於團體流程的景觀想像

參加團體的成員不論是精神官能症或人格的困局，如果問題是長久慢慢累積出來的，這些也都需要把時間慢下來，逐步看清楚內容，因此，緩慢是「起風了」各式團體治療的基本調性，因為我們相信，無論多複雜的問題，多少可以被處理、被了解，但是一定需要時間——緩慢、中立，但不是冷漠，即使加快腳步，也不要淹沒成員的主動性。

我們以兩個景觀，描繪「起風了」團體治療的流程。

成員由於多年的創傷失落，為了活下去，勢必會發展出一套，可以讓問題歸因和期待解決的方式，但

臨床經驗顯示，還有其他不自覺或太受苦的事件，被他壓在內心深處；他總是重複描述的那些問題來源，可能是更早期其它原因所帶來的結果。為了有機會全面了解問題的脈絡，我們要避免只是追著一開始覺得是核心傷害的方向；往往一路追探，會讓整個流程變成如同深挖地面的結果，呈現的是倒三角形的模樣，最後只能兩個人擠在狹窄的底端，寸步難行，形成一種「知道很多了，卻只感到無力、無望和無助」的困境。

我們傾向的作法是，不斷地從成員所說的故事內容拉開話題，讓探索的深度是，底部仍然寬廣，可以自由伸展想像。我們不直追所謂「核心問題」，因為這樣做也會失去了治療師的「自由飄浮的注意力」。治療師要隨著成員所說的故事，詢問其他的眾多脈絡，但不是只追著某條脈絡去深究，而是要讓我們的注意力多方拉開線索，這樣才有機會讓成員更進一步自由聯想。

不過，這也不是不讓成員說他們想說的，而是把注意力放在故事裡的其它地方，那些乍聽好像不重要的枝節，也許可以讓成員發現，他的生活故事裡，原來還有其它內容。或許可以這樣比喻：成員把所有的焦點灌注（或投資）在某些問題，卻像是迷失在黑森林裡，暗無天日找不到出路，只能重複述說著相同的

話題，好像在為自己壯膽，相信自己的問題就只是這樣而已。他把大部分生命能量之水，灌注在水源兩岸附近，成就了茂密的黑森林，其它地方因缺水而成為人生的沙漠。如果我們太快拉著成員要走出黑森林，其實會像是要他們走到森林外面，陌生的沙漠裡，這常常會讓成員害怕、反抗而拒絕。

如果我們把注意力灌注到成員故事裡的其它內容，導引成員的生命源水流到黑森林以外的沙漠地帶，或許不久舊話題會消失，雖然沙漠仍是沙漠，不過如果不斷地灌溉，成員有可能會對某些內容給予更多關注，也就是引出更出的泉源，讓沙漠慢慢出現一些小綠洲，更多的小綠洲結合成更大的綠洲，這樣的過程，生命圖像的景觀會慢慢不一樣了，除了兩極化的黑森林和沙漠，還會有很多綠洲，也許在實質上，就增加了生命的創造力和豐富性。

把內心風暴的瘋狂逐漸轉化成微風

「268想想」團體心理治療總論

我們相信，無風不起浪，在人生旅途的波折顛簸裡，我們在尋找風。

我們相信，內心深處有株水仙花，有人說它是「自戀」的化身，花香隨風吹來，如神話裡海上女仙姬的歌聲，讓人意亂情迷，阻擋想回家的人。

我們相信，來參加的成員不是想死，只是有著活不下去的曖昧。風從遙遠的內心深處，送來水仙花香，這是什麼味道呢？

我們相信，藉由意亂情迷的風，我們可以沿路尋找花香，那是一種有著水仙花香的香。

我們相信，如果找不到風，只好自己起風。但起風後，風只是它自己，不是我們人生的風。

我們相信，人如果有孤獨的能力，也可以和他人合作，兩者是一體的兩面。畢竟沒有「嬰兒」這件事，有的是「嬰兒與母親」，這是心理發展的重要基礎。

我們相信，不論我們多相信心理學，接下來的268條目[15]，都只是我們起步的假設，仍需要在臨床實作過程裡細細體會或慢慢經驗，去印證或者反證它們。

---

[15] 台灣是多山的島嶼，海拔超過三千公尺的高峰有268座，是全世界高山密度最高的島嶼之一。

1. 我們看過浪的美，也看過浪的危險。我們一心一意，要在風裡編織夢想，只是每個夢想都被牢牢盯在現實生活裡。我們無法很快知道，脫離目前的現實是不是最好的，但我們知道，如果先體會和理解這些波浪以及造浪起風的多重意義，之後可能有比較多的選擇。雖然目前很難預測未來的選擇是什麼，但此刻先找「風從哪裡來」。

2. 「起風了」以各式團體，處理精神官能症所衍生的問題。我們將日常生活裡的某些內容純化，融入團體治療的模式，這些團體大都是整合性的談話和活動，如藝術、文學、電影、音樂、戲劇和夢工作等。團體人數約10至12人，開放式讓新成員每週可以進入。一週進行一次，每次九十分鐘，採長期治療模式。

3. 「起風了」的主要工作架構，有各式活動和談話團體，這些團體會有預期之內或之外的功效。我們設定團體要完成某些目標：以觀察成員和他人在合作時的困難為切入點；潛在目標是，藉由這些團體的運作，評估和推論個人的深度心理學，而不只是侷限在人際之間的處理。

4. 每個團體原則上是每週一次，長期進行的模式，以某些目標作為觀察難以很快被觸及的深層心理。團

體是談話和活動式，非封閉式團體，會有成員進出，這種作法可能減緩深度心理探索的速度，不過，可能也是必要的，讓參與團體的組成人員增減，也是經驗失落和創傷的重要機會，這是團體活動重要的觀察內容。

5. 相對於各式以活動為主軸的團體型式，「起風了」未來可能發展第二層次的團體心理治療，是以談話式進行的深度團體治療。採6至8人封閉式團體，或是一年再補充新成員，不預設目標，讓成員藉由長期的、每週一次在團體型式的深度談話，更進一步地經驗自己的深層心理。

6. 「起風了」預想的第三層次是「個別治療」，包括認知行為治療和精神分析取向心理治療。不過，在第二層次的談話式深度團體治療還未上軌道前，這會是接續在各式團體活動之餘，如果成員有需要，領導者判斷之後也符合條件，就會先轉介。完整的認知治療系統尚待發展，而精神分析取向心理治療則轉介「思想起」心理治療中心。

7. 「創傷和精神官能症」作為探索的領域，不論是何種成因，後來都是要「做自己」，主張自己的位置和吶喊自己的聲音，讓人知道它們的存在。由於起

源於幼時經驗，說話方式可能只是喃喃自語或片斷話語，我們不見得聽得懂它們要說的，如同早年片斷的記憶之島，需要我們重複地傾聽和想像，來填補那些說不清楚的內容。[16]

8. 「定義」的目的是要呈現，我們能做的是什麼，無法做的侷限在哪裡。「起風了」無意膨脹成我們是無所不能，而是樂於呈現我們的侷限，但是我們也相信，如果願意一步一步合作前進，是有機會替自己的困局找到未來出路，找到自己想像中的幸福；雖然要如何定義「幸福」，也是成員後來替自己所做的決定和選擇。

9. 「起風了」定義的「創傷」，除了重大災難外，更著重生命早年細微而慢慢累積形成的，尤其是大大小小的失落感的創傷經驗。這些創傷對於生活品質和幸福的影響，不下於其它疾病，而且常是事後多年才感受到當初經歷的是一種創傷。這種創傷的感受，也有當事者後來的心理機制再加入所形成的結果。

10. 生命早年的記憶和語言能力相當侷限，創傷常是以行動化方式被不自覺地記憶著，而不是以清晰說得

---

[16] 本文268條目中，文字加黑的條目可作為「起風了」模式與〈起風了六因子〉的參考說明。

出故事的型式被記憶。這也常是個案為何在多年以後，才會出現「心理真實」的感受，雖然這跟當初發生的「歷史事實」可能有些落差，不過我們主要的焦點，是處理主觀「心理真實」的深度心理學，而不以客觀的「歷史事實」為預設。

11. 「起風了」對於我們能夠處理的範圍，也是有界限的；我們不致宣稱能做所有和「精神官能症」相關的事項，因為目前已有精神醫學診斷條例，作為定義的內容，這仍是臨床的重要依據。不過我們在心理學的處理方向上，仍是回到最早年區分「精神官能症」和「精神病」的定義，兩者以是否具有「現實感」作為主要區分的依據。

12. 「精神官能症」大致在現實感的範圍裡，而「精神病」則是脫離現實，這在臨床上仍是有效且重要的區分方式。雖然精神病者也有符合現實感的部分能力，兩者之間是廣義的邊緣型人格。目前在診斷條例有更細的條目，如自戀型人格或邊緣型人格或類分裂型人格等。不論在「精神官能症」或「精神病」個案，這些都有可能會是他們的人格基礎。

13. 在團體裡有機會觀察個案和他人互動合作的過程，常顯現的是，他們焦慮背後或內心深層，另有失落

和空洞的課題在發揮作用；這反映著，面對失落和空洞時，要如何活下去的恐懼，而它們以「焦慮」的模樣外顯出來。

14. 當出現未來的焦慮時，等於把事情推向未來，不是指向從以前到現在一直存在，且難以體驗到的，因失落和空洞的「憂鬱」。這是「起風了」的主要立論，不全然是唯一論點，但值得慢慢經驗這種說法，是否能讓個案逐步體驗到更深層的受苦。失落和空洞，相對於焦慮，是更少被注意的課題，就像「憂鬱症」早就存在，卻直到近一、二十年才被當作焦點。

15. 「憂鬱」直到近來才被注意，也許意味著這是更受苦、更難被經驗和討論的內容。佛洛伊德在父親過世後，開始自我分析，而有了世紀之書《夢的解析》的誕生，但終其一生，他相當少談論失落和憂鬱的課題，直到《哀悼與憂鬱》以及在《抑制、症狀和焦慮》的附錄裡，才提到抑鬱、失落和受苦，這都是他比較少研究的主題。

16. 個案和「起風了」的關係，就只在參加團體的時段裡，讓自己的問題都在團體過程裡處理，這是我們設計各式團體的主要目的，若有其它未完事項，就

留待下次團體繼續處理。這是理念上強調「此時此地」的緣由，其牽涉的「界限」課題，在心理成長的過程也是重要的。這也是「起風了」提供服務的潛在重要思想基礎。

17. 以「創傷」作為方案的主要內容，並非一定是重大事件後明顯的心理創傷，也可能是生命早年微小或不自覺的創傷累積；在台灣隨著大家對心理課題的著重，有必要把「創傷」的定義加以擴大，讓我們可以更細微地觀察自己和他人，在心理創傷處境後的種種心理反應。

18. 以「創傷和精神官能症」為主要方向，也就是表示，我們是傾向以心理學角度，來看待「精神官能症」所帶來的相關影響。我們著重種種不被自覺的心理因子，但不是把生物藥物因子當作不重要，我們更樂於觀察不同因子之間的相互影響和協助。只是在「起風了」的方案裡，我們著重心理因子影響的探索，以及解決能力的培養。

19. 「精神官能症」是症狀，但經驗告訴我們，它和潛在的人格特質是緊密相關，我們是從這些相關裡所呈現出來的樣貌，來了解症狀的心理意義。我們甚至不是簡化地說，因為以前如何創傷，所以現在就

變成這樣子，因為中間是歷經風霜，走過千山萬水，我們想在各式團體和活動裡觀察，嘗試了解這些細節。

20. 我們假設，歷經「創傷」的風霜後，當年創傷的細節會以變型的樣子，呈現在目前的各式人際互動和深層的心裡。我們不想只拘泥在表象的人際互動處理，我們還想要探索個人深度心理學的可能性，這是指還有未知的潛意識世界需要我們更多的想像，若缺乏想像力就會寸步難行。

21. 除了診斷條例裡的診斷外，我們還需要提出關於這些診斷的心理意義，以及我們所提供的活動能夠預期的目標和侷限，甚至我們要更著重觀察每項團體治療活動的侷限，但這並不是在貶抑我們所提供的模式，而是避免期待和實情之間的落差。我們不希望治療者期待太高，否則若是成員很快感到挫折，更會增添繼續前行的阻礙。

22. 依據經驗，對於創傷無所覺時，是容易沈陷在某些重複的悲慘處境，讓自己蒙受他人不如自己預期的失落和苦痛當中；而逐漸自覺後，可能仍會帶來不快樂，但自覺的不快樂，是真正體會當年創傷的處境，因此能夠減少不自覺且重複的悲慘

循環，這是不容易的辛苦過程。而認識了自己的
這些處境後，大概會是處於某種或淡或濃、自覺
的不快樂裡。

23. 如果成員來「起風了」參加團體活動，馬上希望在
不夠認識自己的情況下，期待有快樂和幸福的結
果，我們覺得那是在找自己和他人的麻煩，這會導
致相互合作的困難，我們要以這些觀察和討論作為
團體活動的焦點，而不是以「提供如何快樂」的方
法作為方向。

24. 近年來對於憂鬱的強調，主要和自殺的處理有關，
但是回顧百年來精神醫學史和精神分析史，對於與
「失落」相關的憂鬱，在文獻案例裡是早就存在，
只是當年的典範焦點是在與焦慮、歇斯底里相關的
處理，精神分析的理論論述也圍繞在「焦慮」而較
少著墨在「憂鬱」。

25. 近年來「憂鬱」逐漸被著重，除了如自殺的外顯因
素外，也有內在心理因素的影響。精神分析起初圍
繞在外顯出來的焦慮不安和強迫症狀，而後逐漸出
現的失落和苦痛是相對少被注意。雖然失落和受苦
的課題是早就存在的心理現象，但囿於當年理論典
範的視野，讓憂鬱、失落和受苦的課題被忽略了。

26. 以佛洛伊德在《論自戀》裡的想法來推論，「自戀」是人作為人的必然要件之一，但人又讓欲望的最大滿足藉由古老團體，例如宗教團體裡的嚴格戒律，為自己形成某種壓力和節制，而這種節制裡，帶來未獲滿足的失落。焦慮的背後或深層心理是另有失落與空洞的課題，也就是，焦慮和不安的出現，是否反映著失落和空洞時的恐懼？

27. 對未來的焦慮，等於把事情推向未來，而不是回到以前到現在，一直存在且難以體驗到的失落和空洞的憂鬱；這是長期根植的心理，需要緩慢地處理，無法如一般期待，急就章式短暫策略就可以完全改善。參與者要有足夠的耐心，但不要認為長期緩慢就等於人生無望，畢竟大部分的創傷者都需要如此的過程。

28. 「起風了」並不是以症狀診斷為主，這在門診醫師轉介前就已經處理過了。在團體治療裡，我們是先回到基本生活和工作層面所遭遇的難題，尤其是和他人合作所出現的困局，作為主要的觀察點。我們嘗試分出層次，讓參與的人逐漸地了解自己，進而和我們合作，一起找出接下去的可能方案。

29. 「起風了」先從表象的觀察作為起點，接下來如果有需要，再安排進一步的治療，雖然這不是處理精

神官能症的唯一方向，不過我們是在這樣的假設上，一步一步走；或許參加者急切解決問題的心情一直都會存在，但我們深知，著急地趕路，不一定會比較快抵達。

30. 比昂在《團體經驗》一書提到，建構精神官能症的治療模式，除了著重個人心理學外，也將症狀在團體裡所引發的現象作為觀察重點；讓個案觀察自己的症狀帶給團體或家庭哪些變化，尤其是無力感的投射，影響了家庭和團體的停滯現象。

31. 如何以不被罪惡感淹沒的方式，讓個案願意觀察自己？也就是不以了解和怪罪當年的家人和事件，而是觀察「此時此地」的內心世界，如何影響人際和團體合作，並嘗試在觀察和體會後，再以減少對目前的影響為重點；但這只是短暫目標，長期仍是往個人心理的深度探索為方向。

32. 我們運用各式團體的主要目的是，個案早年創傷後的內在心理世界，他們的問題會藉由日常生活的一舉一動，出現在和他人的互動裡，我們稱為「移情」，這是不自覺地投射；我們主張，移情和行動才是真正早年的記憶，而不是被記得的故事本身。我們的經驗是，被述說的早年故事裡，通常也會不自覺地增添混雜後來生活情境裡的事例。

33. 我們不是處理自殺相關事務的直接單位，因此如果有強烈動機要自殺和傷人者，是不適合進到「起風了」的活動方案裡，才不致在超過負荷的過程裡，反而增加了團體進行的困難。

34. 當發現有個案刻意要以自殺傷人，威脅「起風了」的工作人員，或要求給予特別的照顧和請求時，我們要自知「起風了」是有侷限，在那樣情況下，我們難以讓個案獲益，加上松德院區原本就有相關的醫療處置系統，我們要協助個案到精神科的急診，去處理後續相關問題，以此作為保護個案的方式。

35. 涉及生存與否的課題，我們要先確立，那是當事人也要替自己負責的事。如果成員一心一意只是要傷害自己和他人，或讓專業職人因而也受了傷害，這不是「起風了」用目前方式可以處理的。

36. 如果有人真的想自傷傷人，請不要走進這個方案，而是到急診接受相關的處置和治療。不是我們要逃避什麼，而是我們和成員一起工作，要讓這些方案可以對大家有利，讓大家一起往前慢慢走。自傷傷人是任何人都難以承受的重，我們需要向醫院其它機制求援。

37. 不同團體的進行方式，各有特色，但會有共通的重點，例如都會涉及成員如何和他人合作達成某項任務，並在過程裡觀察和他人合作的困難，也就是，在讓目前的團體成為「工作團體」前，成員之間會有一些潛在不自覺的破壞和困難，需要在過程裡觀察成員之間的爭議。

38. 團體過程的觀察，我們採用比昂的主張：在變成可以合作的「工作團體」（work group）前，團體會經歷具有破壞力的「基本假設團體」（basic assumption group）。他列舉了三個向度：依賴、配對和打帶跑；這三項基本假設因子，是形成可以相互合作的團體前，所潛在具有破壞力的現象。

39. 對於成員的精神官能症，是以「創傷」角度作為主要焦點，尤其是生命早年的失落創傷經驗，所帶來的抑鬱和空洞感；我們將以這種情況下常出現的症狀，例如：無力感、無望感和無助感，三項常見的心理因子作為基礎，一起觀察它們和三項「基本假設團體」因子的相互影響。這六項是我們運作團體時的主要觀察重點。

40. 「起風了」採取「此時此地」，以及「團體作為一個整體」（group as a whole）的假設，例如，團體

裡某成員的問題，也可能是反映著所有人的共通問題，只是每個人以不同方式呈現出來。這是假設，外顯出來的問題和行為，可能有它們內在不自覺的心理動力作用著。

41. 如果要有機會從外顯的行為，去推論成員的內在深層心理，就需要不把外顯的行為當作只是那樣而已，而是得假設，外顯行為是有複雜多元的內在可能性；在這種主張下，我們才有機會藉由想像和推論，逐步擴展認識自己的多重面貌——我們平時所主張的自己，不必然就是自己的真實樣貌，或許那只是一部分的自己，而且是自己期待的那樣子，這種情況是很常見的。

42. 如果沒有客體失落的經驗，會有「個人孤獨」這件事嗎？個人和群體客體之間的關係是什麼？既然有「母親和嬰兒」心理一體作為原型，因此也可以說，沒有「個人」這件事，有的是「個人和群體」？

43. 在團體裡和他人合作完成某些事的能力，是多重因素的總合，而這種合作能力和孤獨能力有關，依臨床觀察，兩者甚至是一體的兩面。孤獨的能力，是指在有外在他人或內在世界的客體存在時，仍有創造力，而不是被孤單淹沒。我們主張，和他人合作

和保有孤獨，是相互連動、相互影響，而不是相互隔離。

44.「做自己」，是在和他人合作裡發現自己，因此需要觀察自己如何和他人（外在或內在客體）相互依賴、相互彰顯的過程，這是需要有某個客體關係，作為潛在的心理背景。愈難和他人相互依賴，就可能愈難有創造力地做自己，而這些是很深細且難以自覺的客體關係，它的古老遺跡等待著被發現。

45.一般想法，大多認為對他人的依賴和「做自己」是相互衝突，即使概念上知道了，由於仍涉及很多未知、不自覺的潛在因素，因此需要一些時間察覺。這是人要了解自己所需要的時間，並不是三言兩語就會找到答案，甚至過早的答案，反而失去認識自己的機會。

46.出現在某位成員的現象，不一定要優先指向是個人的問題，而是假設，這是團體所有成員集體展現的問題；個人所呈現的現象，只是團體裡每個人心聲的代理者或表現型，這是類似家庭治療裡所說的「系統理論」，因此可以這麼說，在深度心理上，沒有「個人」這件事，有的是「個人和團體」。但這種說法要小心，不要被誤解成，不能有個人作為主體。

47. 比昂主張「自戀」和「社會戀」（social-ism）要一起看，兩者像是前後各一匹馬拉著的馬車，如果「生的本能」傾向自戀時，那麼「死亡本能」就傾向於社會戀。反之，也是成立。某些客體關係理論者主張，在佛洛伊德的性本能（生之本能）和死亡本能之外，還另有客體關係的本能，把尋求客體也當作是人的本能之一。

48. 對於客體會有需求是屬於人的本性，但不必然是指，一定要在外在現實上交朋友；現實上要如何做，這是另一件事了。客體關係理論家溫尼科特有一篇重要文章談到：「孤獨是一種能力」，意味著心理空間裡，在孤獨時仍能有創意的能力，是由於有隱含的客體作為依靠。

49. 團體裡某個成員的特定問題，也是整體系統問題的展現，如同「家庭治療」裡常聽說的，小孩的情緒和行為問題，是反映著家庭裡父母之間的某些難題。「起風了」藉由成員在團體裡和他人合作完成某些事的過程，所呈現的六項因子的問題作為參考點，進而探索個人深度心理學，而不只是指出人際關係上的困局而已。

50. 人際關係的困局，有著個人內在深層心理的因素；個人在團體裡，即使說著團體外的人事物，我們仍

然要盡量想像這些故事，也隱含著團體裡「此時此地」的訊息，而且是反映著以「整個團體作為一個主體」時，個人和團體的困局。

51. 〈起風了六因子〉有它們的代表性，但我們不認為就可以把人性的複雜性說完整，也不是要標榜快速聚焦；成員們在團體過程經驗這些因子，以隱形的方式影響著自己的想法和情感，但困局並不會馬上改變。評估的六項因子，只是看待自己的一個起步，像是人生大海中的浮標。

52. 以英國精神分析家比昂對於團體的經驗描述，作為我們提出「觀察」理論的基礎。他說，一群人形成一個團體後，若要可以合作，一起達成團體目標，過程都會經歷混亂糾葛的狀態，他稱為「基本假設團體」的狀態；這是「起風了」心理治療模式的主要方向，起源於臨床團體和個別治療的觀察，兩者整合而成的經驗。

53. 團體在發展成可以相互合作之前的混沌期，比昂歸納出三項重大的破壞力因子：依賴（dependence）、配對（pairing）和打帶跑（fight and flight），但它們外顯出來的樣貌是多元變形，不是一眼可以看得出來，需要領導者和成員一起觀察和想像它們的存在方式。

54. 相對於比昂主張自戀和社會戀的共時存在，他提出的三項因子，則是潛意識層次運作的心理動力，是影響著和他人合作的潛在破壞力，也就是，要走向可以相互合作的「工作團體」（work group）前，團體是必然會經歷這些混沌時期。

55. 我們以三項因子，觀察比昂所說的自戀和社會戀交織後，所構成的內在心理動力。這也加強了我們主張，要以「團體作為一個整體」來想像和推論個別成員，在團體困局裡的心理狀態。三項因子是負面力量呈現出來的樣貌，常無法從表象看出來，這也跟克萊因（Klein）從「死亡本能」（破壞本能）談起的心智作用有關。

56. 如果從個人精神病理學的內在心理來觀察，針對早年至今的失落創傷而形成的空洞和抑鬱，我們主張，以憂鬱症狀裡「無力感」、「無望感」和「無助感」三個向度，搭配「基本假設團體」的三項因子，共同形成六因子，作為「起風了」團體觀察基礎的工作模式，我們命名為〈起風了六因子〉。

57. 〈起風了六因子〉意圖整合團體心理和個別心理治療的六個向度，是深度心理學的起點而不是終點，它們仍不能代表人的全部心智活動，只是為了臨床

實務運作的方便性和可行性，列為「起風了」團體心埋治療過程的重要觀察點。

58. 〈起風了六因子〉並非獨立不相干的因子，它們是相互影響，動態式的牽連；真正複雜的是，它們呈現出來的樣貌是隱晦多變，加上相互動態影響，雖然只有六個項目，卻是複雜而有深度。

59. **我們著重〈起風了六因子〉的潛意識運作，以及它們帶來的外顯現象。人為了活下去，是不可能完全沒有防衛，由於「防衛機制」的關係，在團體裡呈現出來的結果和問題，是需要進一步的想像，一如夜間的夢需要從「顯夢」出發探索，才有機會貼近最原始的版本——雖然這版本也很難真正接觸到。**

60. 「顯夢」是潛意識經過「取代」（displacement）和「濃縮」（condensation）而形成；「隱夢」經由這兩項「夢工作」（dream work），顯現出千變萬化的「顯夢」。通常成員呈現出來的故事，也是如「顯夢」般需要被分析才能了解，雖然一般希望故事應該就是說出來的樣子，只是實情不必然如此。

61. 不是從外顯現象，就可以確定某個現象是屬於〈起風了六因子〉哪一個向度的問題，我們不鼓勵簡化

六個向度裡的配對模式；就像夢也沒有一對一圖解
的辭典，夢需要被分析後，才能走向潛意識的皇家
大道。

62. 以「基本假設團體」三項因子，作為甲三角形頂
點，例如左下角是依賴，右下角是配對，頂端是打
帶跑；而抑鬱的三項「無」的因子，以乙倒三角形
的方式，左上角是無望感，右上角是無助感，下頂
角是無力感。當把甲和乙相重疊成六角形，以六角
形來描繪的話，上頂角是打帶跑，由左往右是無望
感、依賴、無力感、配對和無助感。這是嘗試圖像
化〈起風了六因子〉的努力方向。

63. 〈起風了六因子〉都是潛在運作的心理元素，它呈
現出來的症狀或人際問題是多樣變化的。我們以比
昂的團體觀點，不只停在人際關係的處理上，而是
以探索「何以無法和他人合作？」、「何以無法一
起工作？」為目標。不是以認知地一直往自己身上
貼病理標籤，雖然我們仍相信，「認知」是往深度
心理學的基礎，但光靠「認知」是不夠的。

64. 比昂1989年說，「人可能寧願在地獄裡愛老朋友，
而不是在天堂愛新朋友。」（Rudi Vermote, Readig
Bion，p.133）或許可以簡化解讀為，人是習慣的動

物。但若這樣就成結論，是難以帶我們再往前；是否不讓自己變成習慣的動物，就可以解決問題？比昂留下不少文字和想法，他對精神分析的貢獻正逐漸升級中，雖然很難理解他，卻是頻頻讓人打開了某些視野。

65. 日常生活裡，重複出現的問題愈高，愈是起源於生命愈早年的創傷，愈無法言說。如果個案陳述的問題，是出現在生活中的很多層面，比喻上，像是難民四散後，產生的問題很容易被看見，並且好像可以輕易了解它們之間的共通性；在臨床上，剛好相反，個案往往很難體會自己何以會如此重複，而常覺得是別人造成的問題，他只是受害者，卻被逼著來治療。

66. 深澈的創傷所引發的「分裂機制」，以兩極化的方式隔離苦痛，久而久之，日常生活裡，四處可見類似的問題，那些都是創傷後的反應；當事者無法只是為問題命名，如「負面想法」後，就當作知道問題的本質，以為往相反方向做修改，就是治療？

67. 「以前」是以難以捉摸的「未知」（unknown），或是以一些片斷的記憶，如殘存的遺跡般存在；無法單純地說，童年的創傷影響目前的症狀和人格，

通常那是走過千山萬水的苦痛，常是難以忍受的經歷，卻會緊抓著某些問題，作為目前困局的起因。但是當事者知道這些記憶，並不必然會帶來改變，有時反而容易覺得失望和失落。

68. 「起風了」不是尋找「真我」的速成班，尤其是早年的創傷經驗，常是被淡忘或不願再想起，就算有人常常浮現當年的創傷場景，那也是某些遺跡，仍需要更多的分析，我們甚至可以說，那只是表示，這裡是曾有創傷的「紀念碑」；「真我」早已被層層細緻地防衛，隔絕了。

69. 「創傷」的真正遺跡，不在被記得的故事本身，而是在故事的底下；被記得的故事更像是一層遮掩，彷彿是真實的歷史，但是潛在的「心理真實」是什麼，仍是待探索的主要場域。「心理真實」，通常不是以一個完整故事的方式被記得，我們聽起來很完整的故事，常有著個案後來新添進去的細節。

70. 早年創傷的記憶，常是如同孤島記憶或屏幕記憶（screen memory）般，零散破碎，需要後來再綜合其它的觀察和感受，來拼湊出潛在的故事。這些破碎的人生記憶，隱含著受苦的辛酸，但孩提時的辛酸，並不是以大人感受的方式被記得；當後來人生

四處都有辛酸，這些是和早年創傷之間，曾有某些關連。

71. 若對早年記憶的故事，給予過度的期待，反而會導致失落感，再和早年的失落感相互共鳴，將使當事者更加挫折！但這並不是要反對成員回想，而是說明回溯記憶的侷限。

72. 外顯的人際困局裡，有著不自覺的潛在內心世界。如果有人對於人際關係表象的了解，覺得還不滿意，那麼，這是走向潛意識深度心理學的開始；但並不是一般想像的，談論生命早年的記憶，就是走向深度心理學。雖然我們仍覺得，可以在過程裡，讓成員觀察到，自己和他人合作的困難是什麼？

73. 如果早年的心理創傷很深刻，那種孩提時代的苦，很難在成人時說透那是什麼，因此常出現的說法是「莫名」或「說不清楚」；從臨床來看，這涉及了說故事、感受故事和承受故事的不同經驗和體會，雖然無法百分之百明確區分這些不同階段，但它們是相互交織且來來回回的生命過程。

74. 就算輕微的症狀表徵，底下都有源遠流長的各式心理社會的壓力；客體的失落所構成的微創傷，常因年代久遠，而難以記憶或想起，是一種微妙說不清

楚的片斷感覺，我們假設，這些都會透過行動，呈
現在各式團體裡，尤其是在和他人合作，完成某些
目標時。這使得團體，是反映個人種種內在問題和
現象的所在。

75. 一般總是假設，問題被看到後，就可以解決了，
或是故事說出來後，就算清楚了；去發現累積多
年的問題，是心理處理的開始，但我們常常卻只
是見到一些重複、片斷、難以清楚的跡象而已。
因此，團體治療過程，通常會比大家預期的，還
要更長些。

76. 臨床上常聽到的說法是，我明明知道問題，也知道
原因，為什麼就是好不了？或者說，我只是想把某
些事情忘掉而已……。雖然這些感覺很清楚，但還
是意味著，另有其它不明的因子，暗暗地影響著。
參加「起風了」過程裡，這些說不清楚或說不出口
的事情，可能會透過各式團體活動呈現出來，但並
不是一出現，就會被自己和工作人員看清楚。

77. 「分裂機制」（splitting）的二分兩極化，是為了遮
掩另一方不被感受到，這很容易讓人以為，有了簡
易的結論後，往相反方向進行改變，就是解決問題
的方式；雖然這種簡化的處理策略不會全然無效，
但很快就會遭遇到，「怎麼我都知道了，問題卻還

是沒變」的新挫折。這種現象告訴我們，實情不只是如此，我們所知的仍然有限，需要有更多深入的了解。

78. 若在「分裂機制」的兩端思考解決的方法，通常只是不斷地打轉，可能會一直繞在兩點間擺盪的挫折裡，只因為解決之道，不在於從兩點選擇其中之一，而是在中間地帶，尋找更多的創意；但這種想法比較花時間，一般人不願意如此做。

79. 比昂的天堂與地獄的比喻，要說明的並不是要人們往天堂走，不要留在地獄裡；他想要提出的是深度心理學，一如我們看見「負向想法」，馬上指出要往「正向想法」走，雖是及時剎車的功能，也許會帶來短暫的療癒感，但是臨床實情，並不是這樣就能解決問題。

80. 在兩點之間擺盪，掙扎著要選擇哪一個，尤其是如果兩端都各有好壞時，常常形成矛盾的現象。「起風了」的方向，並非在兩端之間做出選擇；如何在心理和想法上，撐開兩極之間的領域，是更重要的事。

81. 如何讓生死、黑白、善惡和對錯……等兩端點之間，不是如生死一線間的狹隘？解決問題的答案，

或許不在於選擇哪一個端點，而是在兩端之間想像
更多的可能性，或者變成更大的緩衝地帶。就臨床
現象來說，焦慮不安有可能是來自於中間地帶過於
狹窄，因而容易轉身就相互碰撞、衝突，進而出現
矛盾的樣子。

82. 分裂和投射是常被運用的心理防衛機制，重複不斷
地二分，直到如同碎片般難以整合──並且不是一
層二分，而是在各個地方不斷二分，直到片片碎
碎，彼此之間遺忘是來自同一個起源。尤其早年經
歷嚴重心理創傷的個案，二分兩極化一直是現在進
行式。也許可以回推的是，愈是碎片模樣難以整合
的，就是原本創傷程度愈劇烈，因而會帶來強烈的
無助感、無力感和無望感。

83. 到天堂有新朋友，不會再如地獄裡和老朋友鬼混的
模樣；這種「只要做了什麼，就會馬上改變」的想
法，看似理想地解決問題，或解決了人對於改變的
阻抗，但如果把這句比昂的話很快地塞進「阻抗」
這語詞來理解，就像把原本有想像力的故事，困在
「阻抗」兩字裡，阻斷了其他的想像。

84. 「起風了」是讓參與者在各個團體裡，經驗著心理
上，地獄和天堂、新朋友和老朋友的交替，但不過

早以「阻抗」歸納這些複雜現象；這兩個字是很多現象濃縮後的命名，但治療過程，需要「解濃縮」。雖然，並不是說出有哪個因子在作用後，故事就會終止，也不是這樣，就可以全盤了解自己在團體裡出現的心理景象。

85. 如果我們覺得同理或同感（empathy），是很重要的態度和技藝，那麼，這是從個案的回應而得知，或者只是專業職人一廂情願的想法呢？或是意味著，對個案的問題和態度等，我們嘗試一起建構同感的過程，一如導演或小說家述說讓人感動的故事，也就是，從這個角度來想像和描繪「防衛」或「阻抗」是什麼。

86. 「起風了」所有團體裡顯現出來的表象，包括症狀和某些問題，都有成員早年內在世界的心理起源，但不必然所有人都接受這個論點，這是需要經驗的過程，並親自體會到某些原本難以言說的創傷經驗；這是我們以團體型式，作為進行方式的原因之一。

87. 個人心理治療，是透過個案對治療師的移情，讓個案體會到，生活裡和他人衝突的原因，自己也是貢獻了一些問題，才會導致目前的局面；然而，這是

很不容易的自覺過程，因為診療室裡只有兩個人，在想像上，很難把兩個人的困局，當成如同外面的群體或家庭裡的複雜互動。

88. 相對於個人心理治療，在團體裡，成員在外面的人際困局，會投射到團體的其他成員或領導者身上；不是只有抽象地談論以前的故事，而是具體觀察到，那些故事的細節直接反映在和其他成員之間。不過，這只是說團體有此特色，並不是說它比個別治療還要厲害。

89. 在「起風了」是需要自己慢慢經驗到，外顯的症狀、行為或困擾，和內在深處尚不知道的心理因素有關，這種「有關」不必然是「前因後果的關係」，雖然一般常會希望，很快找到期待的原因來解惑，但早年創傷經驗後的遺跡，就算找到所謂的「成因」，仍難以馬上解決問題──因為創傷後的傷痕，散落在很多問題裡。

90. 我們假設，內在世界裡的困局和問題，是多元且複雜，而且是在不易被直接察覺到的潛意識；雖然觀察自己在各式活動和團體裡，和他人一起完成某些目標時所經歷的合作困局，並不是唯一可行的方式，但這是一個起步。

91. 「基本假設團體」的三項因子：依賴、配對和打帶跑，都是帶有潛在的破壞力，不易被察覺；「依賴」是指內心深處依賴強而有力的人，那個人可以帶領著團體往前走，尤其是在團體陷在沈滯狀態時。當事者常不自覺自己有依賴誰，因此當我們想要說明時，可能面臨成員無法了解的反應。

92. 團體成員呈現心理過度依賴某人時，因為是潛意識的現象，雖然其它成員已經感受到，自己卻不會自覺。這種依賴感的特色是，如果未獲如預期的功效，當事者容易感到挫折後的不滿，這種不滿的來源，成員或其他人未必會知道是有著潛在的依賴，正默默發生著。

93. 團體裡某些成員感到不滿的現象，或許可以從表面找到暫時說明的理由，但若成員的一些反應有些小題大作時，更可能就是源遠流長的依賴課題的展現；雖然長大後，會變成沈浸在自己期待的獨立感裡，而排斥對某人或某事的依賴感，但這讓自己更難察覺必然存在且需要的依賴現象。

94. 人從小到大，是一路依靠著重要客體的過程，如果長大後獨立，就排斥有依賴感，也許這正反映著成員有獨立的問題；有依賴問題，才會導致後來的獨

立課題變得困難，這需要再重新被省視和觀察。

95. 「配對」的因子，是指團體成員和他人一起合作的過程裡，不自覺地跟團體領導者或某些人比較親近，內心形成同一國的配對感；這種感受很隱微，當事者可能並不覺得自己有此現象，雖然這幾乎是團體裡很難避免的情況，需要從團體互動的過程，重複觀察後做出這個假設。

96. 「配對感」並不是指具有正向功能的心理現象，通常是帶有排他性，在團體裡和某些人互動，會有一種難以言說的違和感；成員會從現實上找到原因，來說明自己的排斥有正當性，卻不易察覺內心深處，存在的配對感在暗暗地發揮著影響力，甚至也有可能會反向作用，對於有配對感的成員呈現出表面的惡意。

97. 「配對」因子會讓團體成員隱隱地形成結盟，相互對立和相互掣肘，讓團體很難一起合作完成某些任務；乍看像是因為某些理念的差異而爭執或結盟，卻可能是配對因子在影響著之間進一步合作，甚至處於分裂的邊緣狀態。

98. 「配對」因子相當不易被察覺，成員可能以議題不同，作為聯盟的方式，甚至以誰有理想性的爭議，

使團體難以形成共識；成員似乎寧願團體消失了，也要堅持自己的想法，使得團體不容易往前走下去，尤其涉及需要相互妥協的部分，會因隱微結盟的小團體而爭執難解。

99. 「打帶跑」在團體裡呈現的現象，是成員可能對領導者或其他成員感到不滿或有意見，以帶有攻擊或諷刺的方式提出意見或批評，但是說完後就不再反應，被他攻擊的人想進一步溝通澄清，成員卻說只是真實的感想，或說只是隨意說說想法而已，宣稱並沒有其它意圖，使得被言語攻擊的成員處於挨了悶棍，卻難以進一步澄清的不舒服狀態。

100. 「打帶跑」接近一般常說的：「被動攻擊」，由於被責怪者可能反應強烈，使得對方更加有理由認為，就是這樣的反應才無法溝通，在幾句冷語後，繼續沈默，讓團體處於某種冷戰般的癱瘓狀態，難以繼續合作。

101. 依比昂的觀點，「基本假設團體」的三項因子，潛在地影響和破壞團體，是無法往一起合作，進而形成「工作團體」的原因，因此觀察和認識這些因子，如何在團體裡出現和相互影響，是「工作團體」可否形成，並有效工作的重要過程。由

於以團體型式進行活動，日常生活裡隨處可見的問題，也容易投射在團體裡，這也是「起風了」採用比昂的論點，作為主要觀察點的原因。

102. 若領導者能力夠強，可以不自覺地處理掉成員受「基本假設團體」因子的影響，有效地帶向「工作團體」；但我們的重點更在於，觀察三因子是如何出現和運作，並讓團體成員在過程裡，經驗這些因子的相互影響，以及其中可能涉及的個人深度心理，作為個人進一步探索的基礎。

103. 「起風了」強調終生學習的概念，我們傾向將「認識自己」的心理學，從增加廣度和深度的立體方向，來組織各式活動和團體。廣度來說，一般人看見美景或感動窩心的景象，或看戲時宣洩（catharsis）後，都會覺得真「療癒」！這種療癒的說法，是類似歐洲百年前作為處方的spa、按摩和度假等方式。

104. 日常生活裡，處處有不同情景，讓人覺得好療癒，不過這些經驗，離嚴謹的治療模式的cure（痊癒），有多大距離呢？如果那些日常療癒的方式廣泛存在，百年來，何以臨床上，精神官能症未能明顯減少呢？或者並未變得容易處理呢？

105. 有人研究，當代精神官能症是日益增多；從日常口語的「療癒」到心理治療的「痊癒」之間的距離，需要再被觀察，才不致於因過度地期待，反而帶來更大的失落和挫折。理論上，如果兩者之間的廣度愈大，意味著有更多的想像空間，可以利用來觀察不同團體的功效、侷限和副作用。

106. 「認識自己」心理學的深度，是指從表象的人際關係，至內在心理世界之間的縱深。「起風了」除了發揮各式團體的特色外，還有另一個重要的目標：藉由團體設定的活動，在成員合作的過程所發生的困難中，觀察自己內在的心理世界；也就是，從表象人際關係的觀察入門，嘗試推論內在心理世界（或內在客體世界）的相關問題。

107. 並不是所有人都需要或想要往深度心理走，不過，作為醫院內嚴謹的精神官能症的治療和訓練機制，我們需要有廣度和深度的區分，讓我們更了解心理複雜性，才能讓學習的內容，不會只是過度簡化因果結論的說法。個案可依自己的意願和狀態去選擇，人際關係問題的社交技巧訓練，以及深度內在客體關係的精神分析取向的治療。

108. 我們想將潛在的「基本假設團體」的心理因子，在團體的過程裡加以意識化，變成是可以探索的焦點，並進而處理這些因子，讓一群人在團體裡可以有加成的合作功能。因此，「起風了」的模式，是更著重觀察和體會這些因子的展現方式。

109. 比昂提出，自戀和社會戀如同兩匹馬在前面和後面，一起拉著一輛馬車走，相互影響著平衡；也就是，愛自己和愛群體，是兩股不同方向的力量，實情上，需要兩者相互妥協和保持平衡，讓團體可以發揮功能，而不是在內部相互角力。「合作」是涉及個體心理，也涉及個人在群體裡的反應。

110. 為什麼不能一個人發揮自己的力量，做到自己想要的目標？一定要和他人合作嗎？作家是獨自完成書寫，但是一本書的出版，就不再只是一個人的事。以群體互動作為觀察，並不只為了解決人際互動的問題，也不是要妨礙個人空間，或許可以說，是從團體裡尋找自己的過程。

111. 以團體活動呈現個人內在世界的問題，後續需要再安排其它不同的治療模式，如家庭治療或個人心理治療，或者，也同時繼續留在原團體裡，透

過團體的型式，更深入地探索自己。我們相信，溫尼科特主張的是，在客體存在的情況下，讓個人的孤獨是項能力，而不是被淹沒在寂寞裡。

112. 一般談論「做自己」時，常是把客體丟置於一旁的意思；依溫尼科特的主張，孤獨是需要被培養的能力，這是假設人有能力孤獨時，是在有客體存在的情況。客體包括外在現實裡的某些人，或「心理真實」裡以某種象徵方式存在的內在客體。也就是，人不可能完全只靠自己，而是在內心深處有某種內在客體的存在，這是要「做自己」的重要支撐力。

113. 若讓孤獨變成只是吞不下的受苦，這是缺乏創造力的「做自己」；個人創造力的發揮，以及個人和他人合作的能力，並不是相互矛盾的事，兩者可以相輔相成，或者說，兩者之一有困局時，就會影響另一方的實力發揮。這是由群體活動作為觀察的原因。

114. 愈能體會深層潛在的相互依賴時，孤獨能力的展現愈有創造力（這是融合比昂和溫尼科特的論點）；從母嬰關係或嬰兒和母親乳房的關係談起，父親也是無法避開的角色，這是比古典理論

所說的「伊底帕斯情結」隱含的三人關係，還要更早、更深刻、更難以用言語形容的三人經驗。

115. 臨床上常聽到，當個案覺得需要和他人妥協時，就會覺得自己因此不見了，如果是這樣，意味著成員和他人合作以及自身孤獨的能力，同時都有了問題。相互依賴和相互合作是並行存在的過程，即使同時有破壞力存在，人能夠活著並活下去，意味著這些不同勢力之間的相互妥協，並達成了某種平衡，而且是動態的，不是死寂式的那種缺乏創造力的平衡。

116. 「注意力」投資在某事時，就意味著視野焦點的挪移，因此帶來干擾，對於這些干擾的體會和想像是重要的，一如醫師使用藥物時，要仔細地觀察副作用。從心理學來說，如果我們愈能觀察副作用的出現方式和影響，那麼，我們就愈有能力經由細縫，窺見心理世界裡，難以言說或言語無法表達的領域。

117. 那些不可知的因子，有了語言標示後，它們可能會以跟從前不同的方式活躍起來，但是我們的意識能夠想像和推論的內容，也僅是表象；所謂洞見、洞識或病識感的命名只是起步，命名底下的深刻內涵，仍是一條需要探索的長路。

118. 一般都認為，自己的所有作為是由自己的意志決定，無法接受有不知道的潛在因子，在決定自己的情緒和行為。或者另一種狀況是，既然是潛意識造成的問題，表示自己不必對情緒和行為負責任。這是一條軸線的兩端反應，不是對或錯的問題，卻是觀察自己的開始。

119. 有些問題總讓人莫名難言，有種說不清楚的感覺，或者有時候覺得知道問題的起源了，但問題還是重複出現。我們假設，除了在已知的事情上左思右想外，也需要觀察和注意其它不太被自己當作是問題的所在；這需要他人的協助，身在問題中，很難看清自己，或者說，很難看到那些乍看是不重要的問題。

120. 有些人接受他人協助時，好像覺得自己就會在這個過程裡不見了。也有些人覺得自己的問題，都是別人造成的，甚至在開始作治療後，感到自己的問題被想幫助他的治療師，弄得更糟糕。這些現象並不少見。

121. 讓自己和想要幫忙的人陷在某種僵局，光是這個問題，就有機會呈現內在世界裡，是否另有自己不知道的因子在影響著。乍看好像只是表面上和

他人合作的課題，但需要停下來慢慢看是怎麼回事？然而，是否停得下來？這對團體的運作來說，又成了另一種挑戰。

122. 並非直接塞理論給個案，就可以作為洞見；獲得洞見，比知道洞見是什麼還更重要，在過程裡，會顯示心智運作的機制及防衛軌跡，這些都是了解自己的重要內容。甚至要跳開好壞、善惡的區分，因為二分法是「分裂機制」心理作用的原始遺跡，是我們要研究和摸索的。

123. 對待心理作用的遺跡，並非如推土機把一切推倒清理掉就好了。原始的「分裂機制」所推衍出來的二分現象，形成兩極化，兩端常是對立交惡的；如何讓中間地帶或過渡空間，以及創造力可以浮現？這才是重要的心理工程。

124. 人生經驗和創傷，不論記得與否，都會存在如瘡疤般的防衛，這是另一種潛意識的建設，常以忘記或失語的方式，由各種行動不自覺地呈現出來，而在團體活動裡，則影響與他人互動合作的過程；這些問題不只是人際關係的課題而已。

125. 「起風了」的進行方式，強調一百個人一起走一小步，勝於一個人走一百步。我們相信，集合一

群人一起走一小步,在踏出這一步之前,需要很
多相互的溝通與合作;這個過程會帶來結構性的
改變,一如阿姆斯壯踏上月球時,他的一小步,
卻是人類的一大步。

126. 要讓一百個人一起走一步,這種作法會帶來很多
挑戰,尤其是面對急切、想要快速改變的人。
「起風了」強調慢慢走,理論上,是依照比昂的
「基本假設團體」因子的觀察,這和溫尼科特
「在客體存在下,孤獨能力的培養」的論點,兩
者是異曲同工。我們主張,成員在團體裡「如何
相互依賴」和「如何做自己」的課題是相關的。

127. 在深層心理學,面對兩極化的現象,例如正向與
負向、善與惡,並不是驅除另一方,就可以解決
問題;如果只有兩種端點,而忽略了兩者之間廣
大的領域,是容易讓人錯覺地相信,以為只要說
著早年故事,就是有深度?

128. 在兩極端之間,想像和建構出中間地帶和過渡空
間後,創意才有發揮的場所,才可能有更好的能
力、知識或智慧,調整根深蒂固的二分法所帶來
的影響;就像森林大火時,要優先處理出防火
巷,以隔絕火勢蔓延,也讓整個行動可以按部就
班進行。

129. 三個「基本假設團體」因子出現在某個成員身上時，不必然只是那位成員的個人問題，我們主張，「群體作為一個整體」（group-as-a-whole），是指群體裡每個成員對那些因子，或多或少都有貢獻，可以說是集眾人之力，促成因子的出現。

130. 團體裡，「基本假設團體」因子隨時都在，差別在於是否被明顯觀察到，甚至可以說，每個人身上都有那些因子；各式活動和團體是一種平台，讓每個人有機會呈現這些因子，但是大部分會被自己防衛起來，因為如果自己看見或被明指出來有某些因子的現象，是很尷尬的一件事。

131. 成員經驗到某些「基本假設團體」因子時，常會希望那些問題不是屬於自己的，這是很常見的反應，無法確定到底要花多久時間，才可以讓成員觀察到自己也有這些因子在運作，並且接受這種現象，作為進一步觀察的基礎。只要成員進到各種群體裡，這些原始人性裡的因子，就會開始不自覺地運作起來。因此，我們的態度並不認為，這些因子是不對或不好的。

132. 我們可以經驗得到，哪些「基本假設團體」因子會影響，甚至左右著成員和他人合作的難度。這

些因子會相互激盪而擴大影響的強度，尤其是產生的破壞力。我們也相信，這不會是個人的現象，而是群體裡每個成員各以不同程度和不同方式，所醞釀出來的。藉由群體活動的方式，可以反映出這些潛在的心理。

133. 三項「基本假設團體」因子很原始，不易消失或完全不見，有時可能減弱了，或者以更文明的其它方式閃避，卻仍存在於生活細節。但在現實生活裡，它們呈現的方式很多樣性，過於複雜而不易被察覺，因而參與固定的團體型式的活動，可以讓成員觀察到平時不易自覺，但影響深遠的某些因子。

134. 接受心理治療，一般的期待是，希望知道某些問題之後，就馬上可以改變，好像一本書只要翻到下一頁，就是新的人生了。因此，當大家透過團體活動，認識了一些「基本假設團體」因子，或認識了其它以前不自覺的自己時，對於自己無法很快就改變，會帶來另一種困擾，而出現「知道了也沒有用」的挫折感。

135. 對於自己和治療過程，抱有過度的理想化期待，是常見的現象，不如預期的挫折感也是很難避免

的過程。我們有必要了解，認識了「基本假設團體」因子，離我們要真正看清楚這些因子的影響，仍需要一段時間，因為這些原始因子的外顯影響是多樣性，無法馬上就弄清楚。

136. 胚胎學研究生命早期的胚胎，只要有小小的地方受了一點創傷，就會影響後來發展出來的系統和器官；原始的「基本假設團體」因子也具有這樣的特色，它們的存在也影響了日常生活的很多層面，雖然日常生活無法如身體器官那般分類。

137. 不同問題之間，有著「基本假設團體」因子潛在的相互影響，不容易一眼就看出相關性；不同問題也可能受著相同因子的影響，或者乍看是相同問題，卻可能受著不同因子影響。因此，需要一步一步的修通（working through），一一觀察和解決，才能達成較全面的調整或改善。

138. 個案病因的問題，早已盤根錯節在日常生活裡，並不是直接可以被接觸到。就算知道了某些問題，是承受著某「基本假設團體」因子的影響，也不表示馬上就會改變。我們相信，有這些初步的了解，才不致於期待過高，而帶來不必要的挫折和困擾。

139. 在不同團體裡，是讓自己有機會透過不同方式，來體驗自己的困局。「起風了」也是透過這些團體，來累積我們對於心智的了解。

140. 我們相信，只要參與各式團體，就會有該團體特有型式的某些收獲。不過，我們更把焦點放在，藉由長期重複的觀察成員和他人合作所衍生的問題，體會更深刻的心理因子，更專注在人際問題的內在心理來源以及相關的探索；不只是認識或知道有它們的存在，而是需要重複地經驗和體會它們。

141. 當我們使用理論和以前的經驗時，猶如潛到水面下，假設知道也看見了一些景象，並嘗試描述經驗到的，我們以為那是一種「了解」，但只要再度浮出水面，例如，回到診療室的臨床工作時，就馬上回到未知和不確定的狀態。

142. 一般常是以「做到了」什麼，讓個案有一些進展，作為治療能否持續的判準；但我們是思考「沒做到」什麼，引來個案不滿，再去想像和猜測這些不滿的樣貌，這才是分析的重要動力。因為人的失落創傷，是必然且深遠，不太可能給了什麼，轉身就變好。

143. 成員的「阻抗」是永遠的，我們就先承認，不可能打贏成員的阻抗。「阻抗」會一直找出我們的漏洞，讓我們必然地失敗，心理工作是從這樣開始的；也許未被真的打敗的失敗美學，才是「起風了」團體工作的技術基礎。

144. 成員所說的故事和人物，只是潛在心理世界的代言人，其中有恩怨情仇和喜怒哀樂，這是代言人出來的方式；幾乎不可能如實描繪內心世界，成員重複說著故事，好像永遠沒有人可以聽懂的模樣。若曾經描述過自己的夢，就可以體會到，要說清楚夢中的景象，是一件費力且困難的事，而日常生活的故事，常常是如夢一般。

145. 成員說他們會「如實」說自己的故事，但那個「實」是指「心理真實」的實，不同於外在環境的「歷史事實」的實，因為歷史事實經過心理機制作用後，被記得的感受和方式，常是不全然等同於發生事件時的事實。然而，我們是更專注在心理真實的版本，這是我們心理工作的主要內容，但需要透過分析，才能了解當年原本的樣子。

146. 「心理真實」裡的故事版本，不必然是說出來的那個樣貌；聽故事和想像「心理真實」，兩者是

交互進行，我們需要保持著某種態度，才不會過
早地下結論。不論讀過多少理論，有過多少經
驗，在臨床上其實都是從無知開始，這是很難忍
受的處境。若我們覺得，已經很了解成員了，接
下來，探索就會停滯。

147. 對某些成員來說，能夠停下來，觀察和想想「到
底此刻是怎麼回事？」的確是個難題，不是那麼
容易做得到。我們無意簡化這個看似小小的提
議，這也是不少人的困擾，他們內心世界裡，可
能隱含著如千軍萬馬般的混亂。因此，我們在不
簡化問題的主張下，進行著深度的觀察。

148. 乍看簡單的問題，常常需要花很多功夫來了解是
怎麼回事？在「起風了」的基調是，就算面對的
是很簡單的問題，當它重複出現在日常生活或團
體時，我們就不再輕易地認為它很簡單，而是假
設那是在早年心理創傷的情況下，為了活下去，
自然地動員心理機制來保護自己，否則是無法走
到現在。

149. 心理防衛機制的運作，大都是潛在進行，很難未
經探索，只從表面現象依著理論定調；每個人從
小到大都會經過複雜的心理過程，這些層層的心

理保護機制，可能在年代久遠後，遺忘了它們還持續運作著，也忘了當年要保護的創傷和受苦是什麼，或可能以為就是什麼，但經過長期探索後，卻發現另有其他因素。

150. 探索者可能會覺得喪氣——何以有不知名的影響因子，左右著自己？要如何尋找呢？是否一定要找到了自己的潛在問題和動機，才能有所改善呢？因此，需要利用一系列的活動，讓自己有機會體驗到一些情況和問題；要以「對自己有興趣」作為出發點，這種興趣很難由外人催促而得，得花費不少時間醞釀。

151. 團體領導者的介入，例如：詮釋移情，最重要的並不是讓個案知道什麼是最終目的，而是讓領導者和成員、以及成員們之間的關係，藉由我們的介入而開拓出心理空間，讓大家再滑進其它的移情，往探索成員之間合作工作的方向前進。

152. 「起風了」團體領導者的介入，不是以認知的洞識為最優先的目標，而是讓成員能夠更自由地談論自己或展現自己，這是長期的心理工作，需要隨時觀察和探索的重點；真正內心深處的難題過早地暴露，並不必然會出現有用的功效。

153. 我們要尊重成員在團體裡，面對不等程度的陌生人，談論自己的問題以及合作完成某任務，勢必需要時間來適應；催促成員們相互信任，或趕快多談心內事，並無法加速合作的過程。「起風了」團體設計的目的，就是緩下來，讓合作可以慢慢發生。

154. 我們不一定知道成員內心在想什麼，也不是讓成員知道我們所知道的，就可以加速合作；團體過程裡，是以「和他人合作的困難」為主要焦點，成員們探索這些困局，來了解自己的內心世界，或另一種說法是，目標在於未來在團體裡，大家能夠繼續一起玩。

155. 比起讓成員知道我們多厲害，更重要的是，我們有能力讓成員知道他們自己在想什麼，並且讓他們能夠一起玩下去；這裡的「玩」，是指團體活動過程，言語和合作的交流，一如小孩是在日常的遊戲裡長大。通常成員會慢慢在這些「玩」的經驗裡，逐漸找到解讀或詮釋「自己是什麼」的方式。

156. 起初成員可能會高估團體領導者，這是常見甚至是必然的過程，雖然我們是處於高處不勝寒；事

實上，被高估的處境裡，早就埋伏著低估的種子，隨時準備上場開花。我們需要慢慢和成員一起經驗這些起伏，以及想像它的深度心理。不必過早地自己戳破被高估的情況，若過早這麼做，只會讓成員挫折錯愕而難以思索。

157. 個案會高估領導者，若要領導者「沒有欲望」，這是很高的「境界」，不容易做得到；既然是「境界」，就需要漫長的訓練過程，因此佛洛伊德說的「節制欲望」，才是人間適切可行的方式，尤其是我們都會有「希望個案好起來」的欲望。如何節制而不是壓制呢？也許「少做」就是節制，然而這是沒有完美的答案，而且是一種動態變化的過程。

158. 動態或動力的過程，指的是某項因子，隨著心理和外在現實條件的變化，而有所起伏，就像是水漲船高那般。例如，為了讓成員有機會慢慢表達自己，領導者是被動的，但是多少被動才是適合的？涉及的不只是領導者本身，也跟成員的移情經驗有關，這會受雙方主觀感受的影響而不斷地變動。

159. 「起風了」假設，就算最簡單的問題，也可能是複雜多重因素累積而成的表象，我們主張，不要

只停留在表象上，雖然這是無法強迫的過程；就算我們可能會指出某些問題和可能成因，我們仍傾向主張，這些都只是推論；在不同的活動團體裡，讓成員和我們有機會觀察到問題的不同面向，可能會有更多的想像空間。

160. 雖然目前生物基因學有強大的進展，我們仍認為，心理學的想像和處遇，也有寬廣的未來。心理學因子有它存在的空間，在這種主張下，進行我們的觀察，並且在這方面，也已經有不少文獻。我們相信，對於人的了解，是無止盡的路。

161. 美國「精神醫學診斷條例」裡，有它定義的邊緣型人格，而百年前，對於邊緣型人格的定義為，介於精神病和精神官能症之間的領域；兩者的定義並不是畫上等號。「精神醫學診斷條例」為了作研究，在臨床收集個案時，需要有大量的雷同性，因此把診斷條例的內容定義得愈明確，愈能夠操作，以便可以侷限在某個範圍內，使用診斷條例。

162. 「精神醫學診斷條例」以具體元素作為定義的方向，這是假設這樣的定義診斷，找出的個案群，能夠具有高度的同質性，在進一步做生物基因學

相關研究時，較有可能找出共同的因子，讓未來可以作出更精準的診斷；但這仍是一個假設，直到目前，醫學模式的科學發展，還無法研究出明確的生物學因子。

163. 「起風了」的團體型式無法如「精神醫學診斷條例」般分類，況且這也不是我們要發展的方向。我們透過團體裡互動的情況，推論潛在的深度心理學，不只是停留在人際互動的層面。但團體型式也有它的侷限，我們另以「思想起心理治療中心」精神分析取向的心理治療作為後盾。

164. 我們除了不急於宣稱可以完全幫上個案的忙外，更需要抱持著，對於「精神官能症」的理解，仍相當有限的態度。雖然這種態度可能讓某些個案感到失望，只因他們期待我們，可以完全了解他們。不過，這並不是說，我們要在過程裡如此坦露，而是作為我們的內在態度，這不是示弱，而是一種堅強。

165. 目前在理論上，有較完整的精神分析後設心理學，但要理解潛意識運作和精神官能症的完整關係，仍是一條長路。臨床上，個案期待症狀的消解，以及日常生活問題的解決，這兩種期待是不

同的，雖然不少人希望盡快脫離受苦的日子，但在處理過程會發現，這也涉及症狀和人格特質的相互影響或相互需要。

166. 具有指標性的「憂鬱型人格違常」的觀點，在長久討論後，並未被列進美國「精神醫學診斷條例」裡；從心理學的角度來看，可以說沒有「症狀」這件事，有的是症狀和人格。表象看來，雖然可以區分精神官能症狀和人格，但在實務處理過程，很難只看見症狀（如：憂鬱），而不觀察症狀和人格之間的相互影響。

167. 我們主張，「心理創傷」並不一定是起源於外在人物的實質惡意傷害，而是可能會起源於小孩內心世界主觀感受。這並不是要替當年父母脫罪之意，而是要說明生命早年的心理創傷，原本就有多重的可能性，但在後來，成員會以某件具體人事物的傷害，作為記憶裡的故事。

168. 關於走過千山萬水的苦，如果延續這個比喻來想像，當成員開始談論和回想當年的創傷事件時，通常會忘記此刻是在某座山的山腰和治療者談話；成員常誤以為現在只要回過頭，就可以一眼看見當年的情事，好像它們就在眼前。

169. 當成員談起以前，可能覺得可以清晰地看見當年的創傷，是如何變成今天問題的起源。在這種感覺下，會以為只要回頭談談自己早年的故事，就可以找到當年的某些創傷，並結論那些事件是目前問題的原因；從臨床經驗來說，這是過早的推論。

170. 為什麼知道了目前問題的當年歸因，問題依然存在呢？甚至更增加了挫折和無力感，不解何以老忘不掉過去？事實上，這種歸因只是某種方便的結果，成員處於忘不掉的感覺，更會認為「反正知道了也無用啊！」再增加了無望感。甚至治療師要幫忙他，他仍會覺得有無助感，眼前的治療師如無用之人。

171. 成員會覺得治療師如同當年讓他受苦的人那般，給他痛苦承受，因此會和治療師一起陷進糾葛裡；原本來自過去人物的創傷史，轉成針對眼前的治療師，或針對團體裡某些成員。這是常見的臨床現象。

172. 各式團體的進行，不是要停留在表象，例如人際關係的課題，這些只是一個機會之窗，讓我們和成員走向經驗和體會其中更深刻的內在心理，一

直不自覺地影響著他們；如果我們只談建議和理論，就變成是說了很多做不到的話，同時也做了很多語言抵達不了的事情。

173. 我們無法真的知道，走向內心世界裡的探索一定會是什麼樣子，我們不能以為早點知道那些深度心理內容，成員就可以好得比較快。臨床實情常常相反，走得過快，讓早年的創傷過早地再現，在成員還很難忍受的情況下，過度地受苦，反而讓繼續走下去變得更困難。

174. 我們無法真的了解外面發生的事情，是否完全如成員描述的那樣；日常生活的故事，可能是被不自覺地引進來，出現在團體和某些成員或領導者之間，這是成員的移情。其實這些眼前所發生的故事，是可以工作的材料，它們才是真正蘊藏實質問題的所在。

175. 相對於成員說著外面的日常生活，出現在團體裡的互動，更是可以清楚觀察和處理的課題；團體裡的情境是此時此地的題材和生活故事，如果我們將焦點放在眼前這些事件，是遠比介入外面發生的故事，更能夠讓我們了解成員到底怎麼回事。

176. 在個別治療時，由於只有兩個人，因此移情更具有張力，而在團體裡，成員不容易直接經驗這些移情；成員可能會先將移情投置於其它成員身上，使得領導者錯覺地認為，成員的移情不是針對自己，但我們主張，領導者要敢於想像和假設，成員的所有移情都會指向領導者，這是比較接近「心理真實」，也是我們工作的基礎。

177. 成員可能因為不想被診斷，或者不想被當作只是亂想，因此不容易談出自己受苦的事。或者，有時我們所做的詮釋所帶來的聯結，對成員可能也是種冒犯或威脅，因為我們把成員原先覺得不相干的事，聯結在一起了，然而，這是我們的任務；只是我們不能只想要完成自己的任務，而忽略這些困難是如何散居在成員的日常生活中，並在團體裡影響著和他人的互動。

178. 人生故事不論如夢或如露水，都在平淡的人生舞台上展現活下去的痕跡。所有痕跡都有它的心理意義，每一道心理防衛都具有歷史，但事後總是難以追憶，隱身深處，接觸不到卻是如跑馬燈般，成為活力的來源，因此是需要更多的想像和猜測，這就是我們的工作。

179. 有人說，沒有嬰兒這回事，只有嬰兒和母親；也有人相信母親的心頭，一定有著父親存在，不論是以缺席的空白，或佔據滿滿的心思，都是三個人一起。那麼三個人就構成了家庭，也可以說，是這樣子開始了團體生活，那麼，就讓我們再度回到團體，以團體方式再重新經驗人生，尤其是日常生活裡早就存在，卻可能不被自覺的一些失落和創傷，以及它們呈現的多重樣貌。

180. 也許在日常生活裡，可以找到一些答案，找到自己是誰、自己何以是目前的樣子、未來的自己會是什麼樣子？不過，以佛家語來比喻，日常生活的動中修禪是不容易的，需要靜下來在某個團體裡看看自己，這是靜中修禪。團體的領導者，並不代表比成員更知道他們是誰，但有一些理論作為參考，持續觀察和想像這個命題。

181. 在個別心理治療裡，個案總是抱怨著其他人，好像別人才有問題需要來治療，而不是他；這些在外面發生的事情，其實我們沒有能力確定，是否如他們所說的那樣。我們不是懷疑他們，而是我們沒有能力確定發生的細節，如果要針對無法確定的事件，給予任何具體意見，將會是空泛且難以落實的答案。

182. 再怎麼有主見的人，仍會期待領導者提供一些意見和想法，作為他們處理問題的參考。不過，這涉及了成員提出的問題，和他們真正的問題之間，會有多少的落差？臨床上常見的是，某個問題被拿出來說，可能那只是其它問題的代表者，因此我們需要再花時間消化沈澱，才能進一步了解內容可能是什麼。

183. 我們假設被提出來的問題，是內在裡其它問題的代表者，這是指內在世界的其它問題，可能由於太受苦了，無法被直接再經驗和思考，而以其它較不受苦的問題作為主訴；但是領導者要如何在團體過程裡，藉由活動和談話，讓成員認識到這種可能性呢？這是需要時間，畢竟急急忙忙，是無法真的觸及深刻的問題。

184. 是否每位團體成員，都需要在表面呈現出來的問題之外，再深入探索，是否另有其它問題的存在？這是無法強逼的，但也許這種意見的提供，有時是必要；既然知道表面問題不必然是內心真正問題時，我們自然不能輕易放棄和忽視我們已有的經驗。

185. 表面問題和可能有其它深沈問題的說法，都只是我們的工作假設，而假設就是假設，並不是要以

領導者的權威，逼迫成員接受這種說法，而是把這種說法當作一種可能性，以在團體裡觀察他們和他人的互動狀況作為起點，慢慢讓成員體會自己的問題，讓「還有其它可能性」得以浮現。

186. 認識自己的方式，常常是在原本設想的問題之外，或原本設想的自己之外；了解自己的重要過程，是要經驗除了原本問題所設定的方向之外，還有其它可能性。不過，這種說法和一般人的想法有距離，並不是以說服的方式，就可以讓成員接受，甚至如果涉及要出力「說服」時，就表示這個想法潛在是會被排斥的。

187. 成員可能一直想把那些排斥的想法踢出腦海，久而久之，以為已經踢出去了，卻依然糾纏著。某些想法是以「不想那樣」的方式被記得，它不但沒有被踢走，反而化身成不被察覺的分身，暗暗地影響；只因為是變型改版過，因此不易被察覺，而以為那是新的問題。

188. 在團體過程裡，醞釀某種氛圍，讓成員可以在目前的想法之外，增進對自己了解的經驗。至於那些「之外」的想法，可以說是千百種可能性；我們只是思索如何讓這些可能性，有機會在團體裡

被成員經驗到，但我們不急著說，那些「就是他」或「等於他」。

189.「經驗到什麼」比「知道什麼」更重要，畢竟真正難的是，去經驗和體會曾有的創傷受苦，這是需要在一個緩慢的過程裡，以說故事的方式，慢慢體會或者經驗走向人性細緻的內裡（「體會」和「經驗」這兩個詞值得大家再細細區分）。成員在說故事的同時，也能夠逐漸了解，另有故事之外的領域。

190.「起風了」團體所建構的某些想法，是以團體型式作為觀察的模式。成員在團體裡和他人合作的困局裡，可能隱含著個人早年的心理經驗，因此藉由團體型式，讓這些內在心理，有機會透過和團體其他成員互動過程所產生的問題作為基礎，進一步深化探索，個人的內在心理經驗可能是什麼？這是需要成員和團體領導者一起來想像和推論的過程。

191. 以團體作為觀察的型式，目的是讓成員在實質和他人合作過程裡，發現自己重複的癥結是什麼；但不是看見了、知道了癥結，問題就會馬上解決。這些癥結常常只是內在眾多心理創傷的代

表，表面上看來是一個大結，但這個大結底下，包覆著更多小結，就像一般說的，心有干干結。

192. 一個大的癥結之後，常有更多的小結在後頭，我們需要先了解和體會，才不致於在解決大癥結後，因過度期待，使得團體處於失敗的挫折裡。一般情況，所謂適當的期待，並不是容易的事，畢竟人和人之間的了解，也不容易。缺乏期待，會變成冷漠（中立並非冷漠），或另一種可能，是否「過度期待」是比較常出現的現象？

193. 分辨一般「療癒感」和嚴謹「治療」的差別是重要的。我們需要在團體過程裡，讓它們的差別逐漸明顯化；一般看見或聽見動物的可愛動作或感人的電影時，會覺得「好療癒」，但如果將這種日常生活裡經驗到的療癒感，解讀成心理治療裡嚴謹定義的治療意義，將會使得心理治療的專業性因此被降低。

194. 任何模式如果要宣稱有療效，除了一般說的療癒感外，需要密切觀察運作過程裡，我們的動作和言語有三個面向：一是有何功效，二是有什麼功能的偏限，三是可能會有什麼副作用。長期在團體裡觀察這三項要素，並在同儕間討論和思索這

三項因素，才有可能讓團體逐漸走向嚴謹療效的方向。

195. 長期來說，不論符不符合嚴謹科學研究的方式，某些治療模式可能因社會、政治或經濟因素而存在，因此，我們務實地主張，功效、侷限和副作用三項因素的長期觀察，並有討論和累積文字才更有意義；經由長期觀察和論述這三項因素所呈現的思考，才是嚴謹心理治療模式發展的方向，而不會讓治療變成只是一種偏方。

196. 在藝術、音樂、戲劇等治療團體，有著日常生活裡，尋找療癒人生困境的種種努力；我們以一般感覺的自我療癒作為起點，直到累積更多操作的實際經驗後，慢慢建構成某種心理處遇模式。「起風了」以回到日常生活化的內容，加上移情的觀察，作為重要且必要的基礎，來顯現成員遭遇難題的心理學。

197. 因為人總有難以解決的困局，使得偏方不曾消失在人類社會裡。但「起風了」強調，任何團體型式除了著重療效，一定得同時關注功能的侷限和可能的副作用，才能宣稱是具有嚴謹意義的治療團體；注意侷限和副作用，是要讓團體型式具有自我觀察和思索的能力。

198. 一如使用藥物，要隨時想著功效、侷限和副作用，或許有人會疑惑，心理處遇是要脫離醫療模式，是否也要思考這三項因素呢？醫療模式的思考不必然完全合用於心理處遇模式，但我們主張，任何助人行業，不論生物基因學或心理學，都值得思索和注意這些課題。

199. 如果以科學統計模式，作為唯一的視野，或心理學處遇的唯一依據，這倒是需要更審慎；心理學處遇方式有著科學之外，涉及主觀情感、情緒的藝術和美學因子，這些都是處理和人有關的事情時必有的因素。

200. 「起風了」團體進行的理念和技術基礎，不全是「過去學」，也不全是「未來學」，我們做的是某種「後來學」，總是在團體進行了之後，再回頭想一想，看一看剛剛可能是什麼意思？雖然這種「後來學」是帶著假設的說法，希望成員以後可以習慣於先想先說後再有行動；我們大部分是藉由觀察成員行動，摻著說出的故事，再事後推論和猜測那些深藏不露的內在心理動機。

201. 成員說著故事，然後很快說「不要想就好了」，卻在他們的行動裡展現著，難以不去想的結果，

這是說話和行動之間的落差。我們不需要去更改成員「不要想」的說法，因為一定有某種作用才會這麼說，效果是心理上的短暫緩解，於是他們會再提出「不要想就好了？」的疑問。

202. 在成員說著某些關係糾纏不清的人事物時，我們可能想著，如果他們人生不再如此糾纏，問題就簡單多了。當我們這麼想時，可能意味著，如果跳脫那處境，他的問題就解決了；這是誰的問題被解決了呢？是成員的，或是領導者覺得沒有幫上忙的罪惡感被解決了？這些可能性都值得在過程裡思索。

203. 當成員或我們對某些重複的問題，想以做什麼來跳脫開來，這意味著「跳脫」是有它的功能，但既然是重複的問題，表示跳脫也無法真的解決問題。這涉及了一個有趣的語詞課題：是否當我們想以「跳脫」來解決問題時，背後隱含著這樣就可以「解脫」了？「跳脫」和「解脫」兩者有不同的深度和意涵，不過卻被我們不自覺地等同起來。

204. 經歷早年創傷的成員可能會覺得，目前理應得到比其他人更多的福利，且要比他期待地還要更

好，只有更好，沒有最好，並且要主動提供給他，而不是由他來請求，若由他主動索求，就算後來得到，也是沒意義的事了。在團體裡，這種情況勢必是常見的，我們需要做的，不必然是硬要指出成員的這種情況，否則他們只會覺得我們不想了解他。

205. 如果我們在很短的時間，就覺得了解成員了，甚至以為我們解決了他們常年以來的問題，意味著，我們已經放棄再思索他們的問題，以及可能有的深度心理學；在這種假設下，持續和他們的互動，才會顯示出有溫度的、人和人之間的接觸；並不是一般想的，刻意要表達我們的溫暖和善意，而是化身在我們態度裡的反應。

206. 在團體裡，人和人之間雖然有談話交流，但可能像是看著牆上的圖，在看圖說故事。這個比喻，是試著說明，人和人之間是真有這麼一道牆；我們不要過於自信地主張，我們真的了解成員，實情上，我們也需要時間，讓自己體會這種交流的困難，才不會過於錯覺地相信什麼是「了解」。

207. 一般常以「做自己」為目標，好像從以前到現在都不是做自己，甚至覺得自己只是被壓迫者，或

自己是空虛的。終生學習的概念，也是在探尋關於「自己是誰，別人又是什麼？」這個命題，如果化約成心理治療，意味著心理治療是無止盡地內在心理世界的探索之旅；如同天上的北極星作為指引的路標，讓你在茫茫大海或高山起伏裡，仍有方向可以依循。

208. 「做自己」的想法，是一顆高掛天空的北極星，指引著我們一路探索，但目的地並不是要到北極星。換另一種說法，「做自己」是需要有高掛天空的星星作為指引，實際嘗試去做一些事情，包括和他人在團體裡合作的指引；這是假設人一直都在做自己，只是自己是否有意識到，或何以先前的情況，不被自己認為是在做自己？

209. 對經歷過失落創傷，覺得自己遺失在某處的人來說，並不是用想像把它找回來，就可以開始「做自己」。失落而走失的自己，就算在許久之後找到，那是以前的自己；另一個面臨的問題是，如何確定找到的是真的自己？如果現在是假的自己，它還能夠幫忙找到真的自己嗎？或者躲迷藏很久的自己，能夠忍受強光看見它嗎？

210. 「做自己」？或許是否找到原來的自己，已經不重要了，而是要找到，目前的自己會喜歡的那個

自己。失落的自己，如同失聯許久的兄弟姐妹，多年後再見面，彼此都是陌生人了；是否會如原先所期待的，有個真正的自己可以被追尋？這是值得再探索的主題。

211. 一般來說，怎會相信有另一個自己，在多年以後，可以被現在的自己找到呢？是否那是在失落後所需要且必然有的心理反應？一如佛洛伊德談論「陽具欽羨」，要找回那根，自己覺得曾有卻失落的陽具？而且，一定是要當年失落的那一根；人就這樣給自己設定了一個命運：無法找到自己想要的？

212. 永無止境地尋找自己，這是人類的命運。不過，一般人不會將注意力放在「永無止境」這個說法，而是相信，會找到早年就失去的那個自己。對於「永無止境」，我們會覺得是「不可能」的意思。終身學習的概念，現在已經獲得大家的支持，但侷限在外顯的知識，娛樂、語言和數位的學習，對於「心理的自己是什麼」的終身學習，仍是值得再開發，雖然百年來文獻告訴我們，知道心理學理論並不等於認識自己。

213. 佛洛伊德在1938年《有止盡與無止盡的分析》文中，早就明示，人對於自己的心智或人性的探索

是無止盡的；這並不只是精神分析領域的說法，無論贊不贊同精神分析的性學或潛意識概念，這涉及的是，我們對於人性或心智的假設是什麼？

214. 從臨床經驗來說，失落、空洞感、不知人生方向、生活在浮游狀態，或怎麼做都不是自己想要的、自己好像不是真的存在、沒有真實感......，這些情況在個案身上彷彿永不停止。「起風了」想要指明，關於「自己是什麼？」的課題，是永無止境的心理學習。

215. 臨床上，個案不論是否以恐慌、焦慮，或其它精神官能症狀作為主訴，常見的是，他們逐漸呈現內心的空虛、生活的空洞或缺乏創意的人生，總是覺得不踏實。我們假設這些可能跟生命早年的失落經驗有關，這種失落經驗者常覺得自己不見了，一直要找回自己，卻不知道要找什麼。或者也常見的是，覺得自己不被他人認可；個案跟客體之間的某些狀況，常常是出現精神官能症狀的原因。

216. 有些成員覺得，只要和他人妥協，就會失去自己，或者感到失落空虛，他們無法滿意任何事。這些都有著早年客體失落經驗的影子；這種客體

失落，不必然是佛洛伊德在《哀悼與憂鬱》裡提到的，重要客體的死亡所出現的後續反應，而是另有其它各種微細、難以說清楚的失去，使他無法再妥協，否則連自己都會不見了。

217. 難以說清楚是什麼「失落」了，但就是殘留著「什麼不見了」的感受，這像是個謎題。我們主張，這些失落，不必然是如「失去父母」這種具體的「完整客體」，而是更早期，成員和各種「部分客體」，例如和母親乳房有關的經驗；或者，性別認同發展過程，只能選擇一種，而失去了另一種性別的可能性。是這些經驗的整體，加總累積起來的失落感，使得要找出單一問題因子，變得是不切實際的事。

218. 如果是生命早年的失落經驗，由於嬰孩的語言表達有困難，且無法有完整的記憶，那麼，何以一般會相信，有個「自己」還清晰地被記得？可以相信以後遇見時，那就是原來的自己嗎？這種期待是有趣的心理現象，倒不是說不合現實，而是實情上，人們的確會保存這種主張；這是認識自己，或讓自己看不見自己的防衛呢？

219. 一般人會覺得有一個「真我」，那是最原始且是真正的自己，但這只是心理實情的一部分；另一

種實情是，在人生歷程，人會以不自覺的方式，在事後的回想裡，增減關於自己是什麼的記憶和想像，也就是，這個「真我」，有如混合著不斷添加重疊色彩的油畫，或已削減掉某些部分的雕刻逐步除去法，就在這兩種方式裡，不斷地更新關於「自己是誰」的版本。

220. 「自己是什麼」，會隨著時間變化而有增減的新版本，使得「什麼是自己」，混合著新舊版本，這是緩慢變化的過程。在精神官能症者身上，通常不是大動作的改版，變動常是不自覺地發生著，甚至是覺得理所當然，自己就該是這樣子。因此，尋找「真我」，或要「做自己」的想法，是個重要的課題，但實情上，包含前述兩種情況的共存和交錯影響。

221. 如果有「真我」，或有個堅持要做自己的那個自己，是不斷會有新版本浮現，但在意識上不被自覺；常見的是，找到「那個自己」後，很快又覺得不是那樣，那不是真正的自己！因而不斷地在工作和人際之間流轉，卻始終是失望的，而處於怎麼尋找都找不到的無望感中。雖然周遭的人可能會勸他面對現實，但什麼是現實？這種內心的尋找之路會停下來嗎？

222. 真我或自己的探索，過程是永無止境的，至於探索的過程，就時間來說，也是無止盡的。可能不少人仍抱持著希望，想盡快找到那個真我，或讓自己處於那種獲得真我的「境界」；如我們的語言裡所呈現的，既然是種「境界」，那就不是隨手可及，或者另一種情況，覺得只要說出心中某種被壓抑的不滿情緒，就是真正在做自己了？

223. 「尋找自己，要多久時間？」有時候治療師被認為需要基於專業回答這個問題，但我們想說的是，治療師這邊沒有這個統計學的數字，因為這完全在於個案想要達到什麼樣的「境界」，以及如何和治療師一起合作，看能走到哪裡？這涉及成員如何運用治療師作為客體的過程。

224. 現實上，人生的探究，是走到哪裡就算到哪裡；這種說法很難被真正接受，但如果我們沒有這種概念，意味著我們拋棄了專業經驗，會更難往前走。不過，我們也得先承受，在一開始做治療時，總是會過度期待。「起風了」不是以顧客至上的論調作為標的，那是商業和政治口號，如果我們都依著顧客的意見行事，有時候，甚至常常，是表示我們不想幫忙，「由你自己去吧！」的意思。

225. 「專業想法」是重要的基礎，我們不會刻意違逆
成員的心意，但也不可能完全配合成員的說法，
那是沒有人做得到的，或是一種虛假的成份，並
非刻意對抗。如果期待完全順心如意，進入「起
風了」方案就需要三思，可能很快就會感到挫折
和不滿。這是我們的侷限，因為我們無法說，能
夠幫上所有人的忙。

226. 一般所說的「跟自己和解」，是跟哪個自己和解
呢？這句話有著某種療癒感，讓對自己這麼說的
人，可以有個短暫的依賴，而不致於被挫敗感淹
沒。不過，如果完全相信這句話，而缺乏再觀察
後續的反應，就算有人一直以這句話說服自己，
久而久之，「跟自己和解」會變成了某種壓迫或
失望，卻又是很難被放棄的一個期待。

227. 「跟自己和解」，這句話乍聽很有道理，但它不
可能全然解決原本的問題；值得仔細再探索，包
括是哪個自己和自己和解？什麼是和解？和冷漠
相待的差別是什麼？是有矛盾而不再堅持己見
嗎？這些都不是容易回答的問題，需要再細思，
否則當事者不久就會陷入，覺得自己無法做到的
挫折和自責裡。畢竟，「自己」是複雜和矛盾的
集合體。

228. 佛洛伊德標示出來的三個我：原我、自我和超
　　 我；「自我」的角色是奴僕、侍候「原我」和「超
　　 我」兩位主人，它們都是嚴厲的主人，堅持要讓
　　 自己的欲望被滿足。那麼，「自我」需要什麼技
　　 能和態度，才能在不同主人間找到出路？這種出
　　 路常是解決眼前問題的妥協方式，卻也是後續需
　　 要付出其它的代價。這是我們在團體裡會看得到
　　 的場景。

229. 溫尼科特在《從真我和假我來談自我的扭曲》
　　 （1960）裡提及，「真我」是一些有活力內容經
　　 驗的總集合；這是以生物因子為基礎的活力，如
　　 同生為一朵花，就自然有股力量要把花開出來，
　　 不論周遭環境多麼惡劣。他還說，如果不是要探
　　 索「假我」，那麼只探索「真我」的意義並不大。
　　 雖然一般常要把「假我」丟棄，找到「真我」，
　　 但也許我們需要對這些語詞的定義有更多想像。

230. 溫尼科特定義的「假我」，大致是由「自我」
　　 （ego）作為執行者，他將關於「假我」和「真
　　 我」之間的互動，從嚴重病態到健康的關係，如
　　 光譜般的分佈，做了生動的比喻。我們的描繪如
　　 下：最病態的是「假我」宣稱為了保護「真我」，
　　 而將「真我」完全地包圍在厚厚城牆裡，「真
　　 我」幾乎要被窒息了，結果是接近精神病的代

價。依不同程度的保護，「真我」會有不同的空間去發揮自己。

231. 溫尼科特提到的「真我」和「假我」之間，第三種關係最有意思。大意是指，「假我」仍是依著自己的方式和原則（依據享樂原則，而不是現實原則），幫「真我」找出路，但是當「假我」覺得找不到出路時，「假我」基於保護的理由，而背叛「真我」，因而在心理上選擇殺害自己，也同時讓「真我」被殺掉。這裡的「殺害」不是一般所說的自殺，而是某種讓自己變得缺乏創造力的枯萎過程。

232. 「真我」和「假我」之間的第四、第五種關係是傾向健康的方式，「假我」讓「真我」有更大的空間，發揮生命的創意和活力。在第五種狀態，「假我」表現著整體禮貌的社會態度，也就是「感情不外露」；個人比較具有放棄自大全能感，和擱置心智原始歷程的能力。但是，個人要得到社會上的某種位置，是無法單單只靠「真我」去獲得或維持的。

233. 依溫尼科特的觀點，我們的推論是，他定義「假我」和「真我」[17]都是主體，強調「真我」和「假

17 不同的人談論真我和假我，都有各自說出來或未說的定義。

我」的互動歷程；當「假我」愈原始，就愈壓迫
和剝削「真我」，但如果沒有「假我」作為執行
者，「真我」的活力和創意的動力無法展現出
來。這和一般認為「假我」就是假的、不好的，
要把「假我」祛除的想法，是很不同的概念。

234. 「假我」構築起來的防衛，我們的比喻是，那是
當事人自古以來，為了保護「真我」，而一步一
步打造的古老城牆。當我們看見這些防衛時，其
實它已經是心智的古蹟了；我們假設要找出裡頭
的「真我」，需要如同考古學家在處理古蹟般的
態度和方法，以及慎思的判斷，決定哪些需要清
掉，哪些需要保存。

235. 我們以心智古蹟比喻個案的「假我」，因為那是
多年建構起來的防衛體系，如果以現代人對於古
蹟保存的概念，來想像和處理成員的防衛，就不
會認為只要把防衛去掉，人就會變好了。對待心
智防衛如同對待古蹟的態度，是比較接近精神分
析取向的細緻作法。

236. 我們試著用幾個不同的說法，來對比想像什麼是
「真我」。例如，佛禪宗說的「最初心也不可
得」，這個「初心」和溫尼科特的真我觀之間的
關係，可能有些接近。「不可得」是強調不必去

得，或不必去強要，雖然常有所謂「保持初心」的說法，這很抽象，但我們可以感覺它是有股活力般的存在，然而語言，只能說到它的邊境。

237. 溫尼科特的真我觀，如果以花來比喻即是，生來為花，就有開花的力量，這可以用生物因子說明它是什麼。不過，這麼說並非意味著，我們不能從其它角度，來比喻描繪這種生而為花就要開花的意志。這是花的意志嗎？我們會說，花是主體，它有自己的意志嗎？當我們說有「真我」存在，也是我們的意志感受到它的存在，但是無法完整清晰描述，只能以「真我」這個詞作為它的代理者。

238. 佛洛伊德在《夢的解析》裡表示，夢的最原始推動者是「嬰孩式的期待」（infantile wish），這些期待是原始能量的集合體；我們以這種概念，來比對溫尼科特說的，「真我」如同一堆活力的集結體。以「嬰孩式的期待」來說，它只能藉用各種可用的材料，在夢裡展現它自己，但是真要做成夢，光有這種期待是不夠的。

239. 推動夢形成的「嬰孩式的期待」，可以驅動其它力量，例如讓「自我」和「超我」來幫它完成夢，

而這需要經過「取代」或「濃縮」的「夢工作」防衛處理，已經不是最原始的嬰孩式期待的樣貌了。那麼，「真我」和「假我」之間的關係，是否類似這樣的「夢工作」[18]過程，讓「假我」運用力量來展現「真我」？

240. 自己（真我）是需要被分析，才能約略知道它的樣子，並不是一般想像的，「真我」就是某種具體模樣； 如佛洛伊德主張的，夢裡「嬰孩式的期待」是無法直接觸及，它需要藉由顯夢的分析，才能知道它要表達什麼。分析「嬰孩式的期待」，仍是只能「意會」到它的存在，無法清晰完整描繪它；雖然有「真我」或「嬰孩式的期待」的名稱，好像很具體，但實情不然。

241. 臨床上，常見到個案說要「做自己」時，反而是以「不能做自己」時的怒意呈現，表達「不能做自己」時的憤怒；這是要做自己時的「真我」嗎？而有些個案在不同的人、不同的工作之間流連，很快地進入親密關係後，就覺得對方不是他要的人或工作，這是否意味，她要找的真正的自己（真我），是以「我要的不是那樣子」來呈現嗎？

---

[18] 比昂說，人一直是在做夢當中。

242. 一直在尋找自己，是如同佛洛伊德描述「陽具欽羨」時說的，在尋找自己以前應該曾經擁有，但消失不見了的那根陽具？這裡的「陽具」只是一種象徵；這注定是一項不可能的任務，很難有令她滿意的客體，能夠符合她「真我」想要的對象，只能不斷地追尋下去。從這些現象來說，談論「真我」和「假我」，都有涉及和其他客體對象的互動關係。

243. 「真我」需要「假我」運用各種因子來展現，因此「真我」並不是有個具體形象，在某處等著我們去找到它。換另一種比喻來說，無時無刻都有「假我」和「真我」同時存在，只是需要我們能夠感受到；或者我們是要觀察「假我」如何展開防衛，不讓那些有活力的「真我」表現出來。觀察「假我」時，其實「真我」也在場。

244. 何以個案有活力和創意的部分無法展現出來？是被什麼卡住或遮掩住了？這是在團體過程裡觀察的另個重點，而且是以和他人難以合作的方式呈現；那些各式的防衛方式，都是「假我」透過自我（ego）展現出來，觀察這些「假我」的運作是更重要的事，進一步的說法是，一層一層的發現「假我」的過程，讓有活力的「真我」被感受到。

245. 尋找「真我」的過程，類似佛洛伊德在《夢的解析》裡闡述的，從醒來後仍記得的「顯夢」，來推想潛在的「隱夢」；雖然佛洛伊德在《夢的解析》裡，花了不少心思和篇幅，用自己的夢聯想出有趣的潛在故事，但他主張，心智潛在運作的「夢工作」（例如取代和濃縮）的探索，才是分析夢時真正的重點。

246. 「隱夢」是曲折的故事，雖然是大家好奇的內容，但是，一來很難完全重新建構出它的原貌，二來夢的最原初驅動力是來自「嬰孩式的期待」，而不是當事者認為的最近的某些事件；「嬰孩式的期待」類似溫尼科特定義的「真我」，是（原始）活力的能量集合體。

247. 不論是佛洛伊德提及的「嬰孩式的期待」，或溫尼科特定義「真我」的原始有活力的集合體，都無法清楚界定它們的模樣，甚至可說，它們是無法以言語說清楚的，雖然大家會覺得它們真的存在著。一如在這裡談論的，了解「假我」才是更有意義的工作，而不是去發現「真我」是什麼；「假我」是心智運作的動員者，它透過自我操作防衛的建構，揭露了它如何工作。

248. 了解自我（ego）是以什麼原則作為工作的基礎，才能真正了解心智運作的方式，才能了解自己，而不是把心理防衛都當作虛假，否認那個自己；尤其是經歷過失落創傷的人，早年記憶是破碎零散的，他們有一股力量支撐著，讓他們活下來，而那股支撐力可能被期待為，是真正的自己？事實不必然是如此。

249. 要透過殘存的記憶，來尋找當年的自己，就像考古學家研究古蹟，只能猜測和推想當年人們的生活和想法；這種比喻可能會讓有些人不滿意，認為個人回憶當年的事蹟，是有它的具體真實性，而且時間上並不是那麼久遠，怎麼會如同考古學家的猜測和推想呢？不過，考古學的比喻，是比較貼近臨床現實，如同說出自己的夢的過程。

250. 我們常會根據理論，覺得個案可能是處於某種困局裡，於是認為我們了解個案的情況了；雖然我們比較喜歡理論術語，認為那是我們對於人性的了解，就理論上，或許可以這麼說，但對某個特定個案的特定問題時，那只是想像和猜測，不必然是了解對方，而只是我們對於未知領域的臆測。

251. 一般只是依據理論，猜測個案可能處於什麼心理狀態，若又直接問個案，他是否就是這樣子？會誤以為他的回答，就是我們最終的答案，然後就跟個案說，我們了解他了；這是表象的尊重，離實情可能有點距離。我們無意說，並非完全是這樣，但我們偏向保守的態度。如果只是根據已知的來猜測，是還談不上了解。

252. 不是個案說「是」或「不是」，就是標準答案，也不必直接質疑個案，畢竟我們是要探究潛意識，那是不確定也不可知的領域，語言只能靠近它的邊緣地帶，我們走到那裡，立個標示的牌子，註明這是什麼，揣摩再進去可能是什麼？有人主張，說出來的就表示他們真正所想的，因此，我們的說法好像在冒犯對方，質疑對方沒有誠實地說出心中所有的話，其實，這跟誠不誠實不是直接相關。

253. 「起風了」不必然要以精神分析取向來執行團體，但我們主張，要對「移情」和「反移情」有所觀察和了解，把這個當作基礎。然而，我們也建議先採取保守的方式，不必對移情做出詮釋；我們以移情和反移情的假設，作為想像和對照，

觀察給予成員支持和建議時，是否和成員的潛在
期待有落差？

254. 潛意識是在意識之外，在五官可觸及之外，我們
作為治療者剛好有某種特權，在診療室和團體
裡，藉由成員重複再重複的舉動，尤其是和他人
合作完成某些團體任務的困局，讓我們可以來回
斟酌和想像而做出猜測，並在往後的過程裡，觀
察我們先前所說出的，到底會引起個案哪些反
應？對成員反應的觀察，不是只侷限在當刻，而
是包括後續的變化。

255. 從「催眠術的宣洩和暗示」到「精神分析」，再
回到精神分析取向心理治療「分析的金、暗示的
銅」，「起風了」提出的模式是，再走到「移情
的金、建議的銅」，這是「起風了」的各式團體
的思考基礎；回到廣義心理治療史的過程，再想
想我們要做的是什麼？雖然對個案的建議和支持
是難免，甚至有時是必要的，但如何建議、支
持、同感個案？我們是主張團體領導者，需要有
觀察移情和反移情的能力。

256. 從廣義的心理治療史，來談談精神分析取向和其
它治療模式之間的關係。首先，在佛洛伊德的時

代，催眠術當道，主要是以宣洩和暗示兩種模式
為代表。技術概念是透過儀式化，讓個案處於被
催眠狀態，假設此時個案的防衛和阻抗變小，比
較容易談到某些早年記憶裡的創傷經驗。

257. 當年的催眠術主張，如果能夠談出早年創傷經
驗，會有情緒宣洩的效果，但是催眠者由經驗裡
也了解到，不能讓當事者在這種創傷經驗下醒過
來，而需要以另一個正向的想法，暗示事情已經
過去了，把先前的創傷記憶再壓回去，這是催眠
式的暗示；這顯示當時的催眠者也知道，並不是
把創傷故事說出來就好了，而是需要再以暗示來
取代創傷記憶，並把它壓抑回去。

258. 佛洛伊德行醫的初期也有執行催眠術，後來發現
有些個案不易被催眠，以及效用是短暫的，個案
很快會再回到先前的問題。當年的催眠術，主要
包含催眠式的宣洩和催眠式的暗示；雖然繞道心
理阻抗，讓早年創傷被說出來或宣洩出來，但這
樣是不夠的，甚至會出現後續的問題，因此需要
再以催眠式來暗示災難已經不在了，這是取代或
置換的心理工作。

259. 當年的催眠師深知，早年創傷記憶的難題是如潘
朵拉的盒子，不能只是打開盒子，把創傷的傷口

洩露出來，這樣可能會引發後續的其它災難，而是需要以另一個美好的暗示，作為紗布貼在傷痕上，也可以說，這是一種取代作用。佛洛伊德在英譯版全集第一和第二冊裡的文章裡，曾談論到某成功催眠的案例和反思。

260. 初期原本假設，藉由催眠可以讓個案放下防衛而直指核心，但結果不必然是如此，問題和症狀仍是起起伏伏、好好壞壞。佛洛伊德後來發現，催眠術之所以能對某些人成功，是有它的潛在因子——他們對催眠者有著「移情」作用；這也是「起風了」團體活動的理論基礎：「移情的金、建議的銅」，我們想要對意識和潛意識兩者同時展開觀察和工作。

261. 催眠發生作用的基礎是「移情」，也就是對催眠師有正向移情，而移情是潛意識層次的運作。例如，大教授和小住院醫師，他們對著相同個案說著相同的建議時，常見的是，大教授的話比較容易被聽進去，這種差別就在於，人們對於教授和住院醫師，有不同的移情想像。

262. 佛洛伊德曾反覆思考著，何以個案被催眠後會有短暫改善，不久卻又重複出現類似問題呢？也有

病人希望可以說話給佛洛伊德聽，這對於當年傾向把想法灌注給個案的方式是不同的。佛洛伊德在這種時代氣氛裡，建構著精神分析，也從催眠術帶來了，由潛意識變成意識的工作策略；他不再使用傳統催眠術的前奏模式，而自創了新的模式，以躺椅式聆聽個案說話。

263. 由潛意識變成意識的模式，可以說是催眠術的傳統成就，也可以說精神分析在這方面繼承了催眠術的部分成就。另外，被催眠後，就一定會降低阻抗而說真話嗎？試想，真正睡眠時的夜夢，都還會有心理機制的監督者，讓夢處在警戒防衛狀態，以「取代」和「濃縮」作為把關，並修改欲望內容；我們真的相信，被催眠比真正睡覺時，還更降低防衛和阻抗嗎？

264. 推理上很難相信，睡眠時會比被催眠時還要更防衛、更阻抗。臨床經驗早就顯示，只強調從潛意識變成意識是不夠的，因為阻抗是無窮且必然存在的心理機制，佛洛伊德才會在臨床遭遇困局後，再發展出自我、原我和超我的概念，想要藉由新的語彙來標示心理地圖，進一步嘗試說明，阻抗的機制是如何運作，並思索是否有什麼解決之道？

265. 佛洛伊德覺得，精神官能症對於人類文明的影響，不下於肺結核，他思索著如何擴大精神分析運用的範圍。他提出來的是，催眠術的暗示再被他拉回來治療現場，因而建構出新的混合模式：「分析的金、暗示的銅」。他仍相信，「暗示」有它的臨床實用性，但他也無法否認，自己走過的新經驗，需要以精神分析的重要經驗作為基礎，來思索「暗示」的新用途。

266. 在佛洛伊德的文章裡，關於如何運作「分析的金、暗示的銅」模式，他並未說明細節，不過至少提供了我們對精神分析取向心理治療的後續想像；這部分是我們建構松德院區「思想起心理治療中心」的重要理論基礎。我們以個別心理治療為主的概念和模式，至今已運作十年了，經驗顯示，以佛洛伊德的模式概念作為基底是可行的。

267. 正要發展的「起風了」團體心理治療運作模式，是從「分析的金、暗示的銅」再進一步推衍，將「分析的金」更聚焦在移情和反移情的觀察，以「移情的金」作為代稱，而把催眠式的暗示調整為，目前大家常做的意識上的支持、同感、認知、建議或心理教育，而以「建議的銅」作為代稱，因此有「移情的金、建議的銅」的想像，作為建構「起風了」團體治療的基礎。

268. 「起風了」各式團體，不論採用何種媒介，例如
藝術、說故事、戲劇、數位、夢工作等，都需要
有移情的觀察和處理能力，但在建構初期，我們
傾向只是觀察移情，先不做詮釋，在這個基礎
上，觀察成員在團體裡和他人合作的困難，可能
有哪些潛在的個人心理情結？讓團體不只有一般
的療癒感，而是能夠走向內在心理世界。

| 延伸閱讀

《比昂論團體經驗》，比昂著，鍾明勳等譯，2019，心靈工坊出版。

《人我之間：客體關係理論與實務》，漢默頓著，楊添圍、周仁宇譯，2013，心靈工坊出版。

《失落的空洞感：在佛洛伊德的古典臉色裡找自己》，蔡榮裕著，2019，無境文化出版。

「畫夢」與「話夢」
以「夢工作團體心理治療」為例

我以一個想像的例子，來說明團體進行的可能
性；依照經驗，團體進行是千變萬化的，這裡只是以
前面章節的論點，作實例的想像。

團體進行方式

　　經由門診醫師轉介個案到團體，團體人數設定十
至十二位成員；此非封閉式的團體，過程中可以有新
成員的加入，但新成員是在被轉介後，由團隊決定於何
時開始參與。

人們每天說話，跟自己說話，也聽別人說話。
不論是當聽者或說者，
話語的共振又各自進入自己的心裡，接收與連結，
再度翻新成另一套內容。

　　團體進行以成員的「夢」為主題，請成員各自繪
畫自己的夢，任何時刻的夢都可以，目的在於透過畫
夢與自己連結。畫夢的過程，成員之間可以交談，畫
好後，大家開始討論，分享自己所畫的夢，也可以詢
問其他成員所畫的夢，透過彼此畫夢的互動，一輪又
一輪翻新了語言，團體的夢與夢話於焉連結成形；這
是讓成員自由地按照自己的方式，談論畫裡的夢內容，
也可以說，是讓「顯夢」成為團體談論的素材。

如此設計「夢工作團體」的目的，是和個人在個別診療室裡治療，有著明顯不同的策略——因為團體成員之間的動力變化，會影響個人如何分享他的夢。不過，就算在個別診療室裡，也沒有唯一處理夢的標準化方式，因此在團體裡畫出自己的夢，最重要的部分，不在於畫夢本身，而是這個過程中成員們的交談，這些材料都是後來討論的素材；就人和人的互動所呈現出的個人內心世界而言，是可能在交談中，流露出重要的訊息。團體不僅是一具容器，更像是一座培養皿，個人的夢在團體當中演繹出團體之夢。

個人的夢，在你一言我一語中穿梭交織，
既是個人的夢話也是團體的對話，
來來回回的中間地帶，
過渡著、承載著、也孕育著團體中發生的一切。

　　團體的心理治療師，要以促進成員之間的互動溝通為目的。治療師最好不要直接進入猜想這些夢的潛在意涵，雖然成員會希望治療師這麼做；我們也不是反對這種討論，只是在方式上，先採取讓他們的夢，被自己和他人一起自由聯想，把團體當作是一個整體(group-as-a-whole)，假設他人的聯想也是自己的想法之一，在這個過程裡，增加成員們的互動。

每次的團體進行，不必然要對夢做結論，而是讓夢的想像保持著開放性，這或許有違成員的一般期待，但我們需要觀察，因期待落空而來的「失落」是如何影響著他們；也可以把不同人說的幾個夢，當作是團體的一個夢，也許這會讓成員很難適應，可能會覺得界限模糊不清；或對於個人的夢，變成只是構築成團體之夢的一個色塊，而感到黯然失色；或對其他人的回應，認為是被承接或是被侵犯……，這些現場的互動都值得更多的觀察，來思索何以會有這種情況？

　　也就是，當假設自己的夢也是別人的夢時，我們討論和想像「夢是什麼」時，就會跟個別治療時有不同的內容。我們這麼做，並不是要違背個別治療的處理方式，而是站在個別治療的立場假設，沒有「個體」這件事，有的是「個體與團體」。個體成員在團體過程所呈現的任何反應，當然也包括對於這些模式的困惑或不滿，都將會是團體想像和討論的重要素材。

　　治療者不用急著跟成員解釋團體的工作方式，而是讓這些不同意見有機會被表達出來，讓大家一起消化。如同其它人的生命故事，當成員說出夢後，這個夢和只在自己的夢裡的那個夢，就不再是相同的事；這個被說出的「夢」是主角了，它不再專屬於原來的說夢者，而是有著團體其他人的影子。因此，當一個

夢被說出來，它的意義不再只屬於說夢者，談夢的過程有任何人發表想法和意見，夢的意義就被拓展了，也就是難以再還原出，原來說夢者的個人潛在心思，反而變成團體裡，每個人隱然相連的關係。

這種策略，有機會讓成員原本有的界限，或源於自戀受挫下所呈現的被冒犯，能夠在團體互動的過程，區分出內在心理世界和他人的共通處；大家分享的夢也是團體的夢，是團體的存在讓成員出現了那些夢，雖然不再屬於個人的夢，但仍有人際之間的清晰分界。

執行過程是依照松德院區的兩本工作手冊：《起風了總論268想想》和《起風了個論六因子／七夢思／三態度／六忍耐》裡的方式和態度為基礎，觀察成員的移情現象。領導者一開始是儘量只觀察移情的動力狀態，作為促進成員之間的溝通，不要很快對移情做出詮釋。雖然做出對某成員的移情詮釋，可能有助於團體的互動，因此並不排斥，但原則上先採取觀察，以避免陷入負面移情裡，如比昂所提出的「基本假設團體」的三項因子。

當我們想把心理的處理，涉進更深層的領域時，例如「自戀」，由於這語詞太過於流行了，容易讓人有錯覺，以為大家都知道這語詞的意思，於是在臨床上就很好用，只要看見成員的某些跡象是自戀反應，

或是因自戀而引起的挫折時，就會想要直接說出來；
臨床經驗上，這樣的說法不但效用有限，更常只是帶
來衝突，而不是讓大家可以思考。

尋找更細緻的語彙，一步一步談出眼前的現象，
這個思考的過程，
會讓團體的進行逐漸有「深度」，
也讓人和人之間的「溫度」得以同時存在，
變成團體的重要力量。

　　一般人以為，精神分析取向很少談論「人和人之
間的溫度」這件事，好像觀察它和談論它是一個奇怪
的態度，也擔心過於溫情，會妨礙我們看清楚事情？
佛洛伊德主張，治療者要節制自己的欲望，尤其是想
要個案痊癒的欲望，也許這就是上述顧慮的另一種說
法。這種顧慮並不是完全沒有道理，不過如果因此就
以為，會如同倒水時，也把嬰孩一起倒掉，這就有些
奇怪了。

　　或者，若有必要時也可以進行詮釋，只是詮釋
時，儘量採取以「團體作為整體」的方式，來詮釋
「團體」處在某種狀態。領導者所說的話或詮釋，儘
量以反映給團體所有的人聽為主，就算是針對某人說
的夢，我們回應時也是要面對所有成員的心理狀態，

而不必然是針對特定成員。

　　另外，也可以在團體裡設計或討論成員之間，以目前的團體型式進行合作，然後觀察這些合作方案形成的過程，成員之間的反應，尤其在變成可以順利工作的「工作團體」前，成員經歷哪些「基本假設團體」的因子影響？以一般的說法來談，是指我們更著重團體過程中，所引發的各式情感和想法，不論來自某位成員，或大部分成員的反應，都是可以一起思索的素材，這比期待有什麼結果還要重要！然而，這並非意味著，「著重過程」是容易做到的，只是這個困難本身，誘發的基本假設因子，值得大家一起重視和消化。

　　在一人或多人的畫夢活動中，成員的分享，也帶給其他人有機會連結到共鳴的元素，並延伸分享和討論。藉由成員之間的「畫夢」與「話夢」的互動，不論身為聽者或說者，在團體治療師的催化下，期待都能在團體中逐次地投入參與、建立關係、彼此傾聽與分享團體的「夢想時刻」。

　　至於治療師的催化，是做或不做什麼呢？這沒有標準版本，我們建議把握一個重要原則──所謂「催化」是指，讓成員願意一起思考，有更多的話可以表達，而不是讓成員只依著治療者的意見來做。雖然治療者幾乎不可能沒有意見和想法，使得

治療者也可能陷在某種困局裡；治療者要讓自己更快地回到「讓成員可以有更多的對話」情境，而不是以「多快可以有收穫」作為重點。由於大家也有著在某個時日，要一起合作完成某種成果的壓力，讓團體合作充滿了張力，需要靠大家好好地觀察和思索心理變化的過程。

合作方案名稱：團隊的夢和夢想的展示
（Teamwork Makes The Dream Work）

團體運作之初，有兩件事同時並行，一個是藉著畫夢探索自己，以及自己與團體的關係，另一件是從團體之初便告知成員，未來有一任務要進行討論——即主題為「夢」的展演，這是一年一度的團體成果展。至於要展演什麼？用什麼方式展演？整個過程都由團體成員共同想像與創造，也就是可以走向「工作團體」，合作做出某些具體成果。

舉例來說，成員們需要討論佈展一場關於團體之夢的劇本，包括此劇本的主題（如：人生實相、回家、天地之間......），再決定相關的元素，接著以戲劇來呈現；透過討論，成員可能發展出完全不同的展演方式，除非有明顯現實上的困難，不然團體領導者的目標，是協助成員如何將這些主題實現，並且在過程裡，藉由觀察和他人合作的困難，進一步深入探索個

人的內在心理狀態。

這對團體領導者的挑戰是,需要先設定一個未來的工作目標,也得經歷成員的挑剔或一些修改,而且著重的不只是完成目標,也不要忽略過程中任何「此時此刻」的感受和想法,並探索內在心理意義。這不是容易的事,治療者要先假設它的難度,不要只是一心一意要完成目標而忽略了過程,才不致於讓自己被未來期待的失望所打敗。

過程和目標素描

團體互動過程的綜合作用所呈現出來的現象,如同被說出的「顯夢」,是潛意識經過「取代」(displacement)和「濃縮」(condensation)的心理防衛機制而形成;夢經由這兩項夢工作(dream work),會顯現出千變萬化的夢內容。而成員也是透過潛意識運作的防衛,帶來外顯現象,既然是「防衛」,表示後來在團體裡所出現的問題,如同比昂說的,是醒著的「夢思」,需要進一步在團體裡探索和想像,才有機會貼近原始的版本。

由於一般人對夢裡未說的內容比較好奇,我們就決定先以「夢工作」為例,來說明團體過程;如果以其它的主題,如生活的事件或人際的困頓為例,一般人會認為,故事就是那些說得出來的內容,而忽略了

任何被記得的故事，勢必有更多的「記憶」遺忘在裡面，不過對成員來說，這是不容易理解的，是需要探索的課題。但也不要把成員的這種「不容易」當作是「阻抗」，這是心理實情，在這種情況下，也許帶來團體的困擾，因為成員覺得「有阻抗」是不好的事，他們會有被責備的感覺，無法再繼續思考這些過程的難題，反而使得團體失去往前走的重要材料。成員在團體裡呈現出來的故事也是如此，雖然我們常希望原本的故事，應該就是被說出來的那樣子，事實不然。

就團體進行的目標來說，我們假設，無法直接由外顯的現象，就直指說那是它們的內在狀態，而是需要事後分析，如同夢被說出來後還需要再被分析，才是走向潛意識的皇家大道；並不是只從表面，就可以確定某個現象在《起風了個論六因子／七夢思／三態度／六忍耐》裡，它的位置是屬於哪一個向度的問題。我們不鼓勵簡化的配對模式，雖然在工作的方便性上，有時需要暫時的定位，但那只是一時的方便而已。

在看來好像清楚的語詞概念，其實都有著複雜多元的心思，等待我們去探索，如同在捉迷藏裡躲藏多年後，等待著有人去找到它，問問它多年來是怎麼過的？這是那些深藏心底的心思所需要的吧？不只是把它們找出來揭露而已，我們也需要讓自己對那些躲藏

多年的心思，有更多的忍受力，不然只會讓它們更恐懼出場，來見目前的世面。

核心概念

我們運用各種團體心理治療型式，它們之間有個共同目的：都會涉及成員們如何地相互合作，藉由合作過程的困局，來探索個人的深度心理學，而不只是人際關係層次；所謂深度心理學，是指邁向潛意識的心理學，讓成員了解和體會，自己可能有不知道的心理因子，暗暗影響著自己的一舉一動和情感反應。

值得再次強調的是，溫尼科特談論孤獨的能力和關切他人（或成全他人）的能力，這兩種能力不是相互競爭，也不是相互抵觸，而是一體兩面，需要在心理工作的過程，同時觀察它們——畢竟一般都以為，來自西方的心理學，包括精神分析，都只著重個人，但實情不只如此……。

在窮途末路，empathy有多孤獨？

2019年11月5日-8日第十一屆「台北心身醫學與心理治療國際研討會」，以及2019年11月9日-10日「臺灣精神分析學會」內部活動，思索的主題：「精神分析中的正能量」[19]。

兩位講員是Dr.Bruce Herzog和Dr.Salman Akhtar（Mr. Jason McLaughlin代表）[20]，演講內容是要在精神分析習慣的視野之外，對於症狀和現象的潛在動機，尤其是具有破壞力的部分，提出另一種觀點，讓我們看見在診療室裡的工作實情，還有某些正向的特性存在，例如，良善、快樂、幸福、慷慨、以及彈性等。

---

[19] 第十一屆臺北身心醫學暨心理治療國際研討會，「精神分析中的正能量」(Positive Perspectives in Psychoanalysis: Themes, Affects, and Techniques)，主辦：臺灣精神分析學會／北市聯合醫院松德院區，講員：Dr. Salman Akhtar (Philadelphia Psychoanalytic Institute & Director, Adult Outpatient Services, Department of Psychiatry and Human Behavior) (Mr. Jason McLaughlin代表)Dr. Bruce Herzog (Toronto Institute of Contemporary Psychoanalysis & Toronto Institute for the Advancement of Self Psychology)，時間：2019/11/5(二)~11/8(五)，地點：松德院區英堃講堂（中英文現場口譯）

[20]（臺灣精神分析學會在官方網頁公佈的訊息）【講師異動】主辦單位日前接獲緊急通知，本次國際研討會的重量級外賓Dr.Salman Akhtar因突發疾病之故，無法前來台灣。於此，他表達了深切的歉意與遺憾。為了彌補這臨時狀況產生的缺失，Dr. Akhtar將之前已備妥的講稿釋出，並且經雙方的協調同意下，計畫由他在費城精神分析中心的得意門生Jason R. Mclaughlin代理來台，期待能為台灣對精神分析有興趣的聽眾與同事們儘量貼近原汁原味地呈現Dr. Akhtar早已為此次研討會所設計烹調的饗宴。

我先以一個案例來說明。

「個案有酒精濫用的問題,當年父親也是這樣子。父親酒後會家暴母親和小孩。他來心理治療,有一個未明說的目標:要證明自己是不同於父親。」

通常我們是藉由什麼因子的集結,而形成某個詮釋呢?例如,從個案說的某些雷同因子,「他和父親相同的地方」作為出發,這是說明自己的問題和身份認同的起點,同時也是標定自己問題的所在;個案常抱怨小時候的創傷經驗,但個案說著早年的創傷經驗時,同時潛伏傳遞著,希望那些慘事不曾發生在自己身上,好像要把這種經驗踢出去,或宛如那是很遙遠的事,他是說著別人的故事。他在說話時,心裡已經把那些經驗劃清界線了,聽起來好像他在說著他聽過的,別人的經驗,他只是代言人;辛苦活到此刻,只為了忠於當年那位小孩交待他要做的事,總有一天,要幫小孩說出他的故事。

也許我們會期待,這位代言人可以和他要代言的小孩,盡快合為一體,假定這種現象就是我們說的「整合」,並以這個假想的圖像,作為分析治療的主要目標。但要整合什麼呢?例如,整合好與壞、善與惡?這是有可能做得到的嗎?一定要整合才算是最高程度的人生嗎?我不完全排斥這些想法,但是需要再細思。

個案作為一個「主體」，有他想要表達的心聲，那是從小就存在的吶喊。如果我們只習慣於找出相同的地方，來形成我們的了解，那麼這種了解只是著重在說明，原來他現在會這個樣子，就是他世襲了父親當年的模式？通常我們會認為，這是一種了解，或者，這只是把個案塞進那些已知的說法裡呢？也就是，這位代言人，後來有了自己的人格和主體性，想要說自己的話，想要和以前的生命故事有所區隔，走出自己的路，可是困難重重，卻是如此期待。這條自己的路，他希望不是重複當年的經驗，要有著全新的生命故事；這些幻想很重要，畢竟很難想像，有人活著卻沒有幻想？

　　如果忽略了任何人想要自主性的心聲，可能會覺得我們眼前聽到或看到的，是個案的「假我」，不是當年真正受傷的那個「我」，但這些從小就有的聲音，「一定要做得跟父親有所不同」，會依著能夠想得到的能力，過著自己的未來。雖然我們在臨床上，還是常常看見個案，竟然只是重複著當年的某些問題……。

　　從病態式角度來認識個案的過程裡，前述是「歸納式」的說法，指出並聚焦在個案和父親有多麼相同。我們習慣聯結個案目前的問題和當年的故事，假設透過這些聯結，可以讓個案認識自己問題的起源，

也就是，讓個案知道，原來他的問題，是來自於父親？這樣的解讀，幾乎是生活常識了，並不會經由我們再說一次，就增加個案對問題的更多了解。不過，這可能是我們和個案共謀的錯覺，因為知道故事的起源，本來就是複雜的記憶課題，不必然會帶來個案問題的改變，但這也不是說，知道以前的故事是無用的，而是如果要有用，可能還需要其它因素的配對，才會發揮大家所預期的效用。

我們找出以前和目前故事裡相類似的地方，在加以相聯或構成詮釋時，會相對地忽略了個案可能同時有著理想化的想像，「他想要做個和父親完全不同的人」，這個想像是很重要的動力，卻被定義成是具有破壞力的理想化；這是部分實情，但這確實是他作為異於父親的認同所在。這也是他想像中的，自己未來的模樣，是他自己想要認同的自己，雖然後來我們仍常常看見，他和父親一樣的地方，他也會虐待自己的小孩，因此我們就只把焦點聚集在，他的理想性所帶來的破壞力。這讓我們不容易傾聽到，個案一直有個「想要不一樣」的心情，但實情上有著重複的部分，兩者帶來內心衝擊和矛盾，再加上混雜著失落心情的匱乏感和空洞感。

我們以為要幫助個案的唯一方向，是讓他看清楚，自己的問題和父親的問題有雷同的地方；我們一

直看著雷同的部分，現象上，是把他推向了結論：他就是和父親一樣。當他有反抗時，我們可能會詮釋成他的阻抗，想像他是在生氣和反抗治療師，雖然也有可能是他正在對抗心中，無底洞的失落，因為治療師的說法讓他很失望，甚至覺得治療師是在攻擊他，一如當年父親強迫他。他生活下去的唯一想像，是要做得不一樣，甚至要讓父親的「不允許」留存著，在以後可以好好地發揮成自己喜愛的模樣。

也就是，要留著相異的因子，它們需要被好好重新看待和聚焦，這是人作為自己時，就算覺得有問題，仍想要有個「可以做自己」的心聲，那常常是如何相異於之前，尤其是待他不好的人的另一面，雖然所謂「另一面」，其實是生命早年的想像和經驗，這種另一面並不是意識層次上想像的，主張「不好」的另一面就是「好」；或者以這種「好」作為代理人，它的模樣卻可能混雜著某些「不好」的經驗；或者意識上跟「好」或「不好」的內容無關，而是結合成另一種想像。如果我們只依著意識層次的兩極觀點來推想，在面對某些特定個人想像的「好」或「不好」時，雖然看起來是意識上的區分，實際上卻是早年隨機經驗的相聯結，這些都和個案的內在一起工作交纏過，我們可能在許久之後才會發現，裡面有一種很私密難解的個人定義。

再看精神分析的早年發展

　　為了保護精神分析持續存在，使得不同的人對於「精神分析是什麼」、「要守住什麼」、「什麼不能做」、「什麼才是最好」的焦點，在不同國度、不同學派，甚至是不同個人之間，都出現了不少的落差。

　　在二次大戰時，維也納的精神分析同儕們逃離納粹迫害，來到德國之外的國家發展，為了讓精神分析得以生存下去，出現了嚴格甚至是嚴厲的規條，這也顯現自佛洛伊德以降，的確傾向想要在表面的症狀和日常生活裡，觀察和想像潛在的某些動機，尤其是會帶來後續破壞生活品質和幸福感的那些動機；這自然牽動著提倡者的「超我」，會採取多嚴格的態度，來維護已有的理論和實務概念的成就，也影響著動盪時期的發展，要容忍多少的彈性？這讓當時精神分析的發展充滿了衝突，卻也有些美麗開花的結果，但人性浩瀚，要談真正的結論是不可能的。

　　事過境遷，至今談論這些理論和實務的差異與爭議，仍是有趣的話題，雖然一般是假設，差異就只是不同，不必然會有爭議，不過實情是，的確會帶來爭議，因此如何在這些爭議裡，尋找共同的立基點，是我們的方向，雖然尋找共同立基點的同時，可能就會讓特殊且自覺重要的差異聲音被淹沒。

當年佛洛伊德要廣泛運用精神分析於心理治療時，他提出了「分析的金」和「暗示的銅」，如果我們要在這中間找到出路，是需要稍微再擴充他的「暗示的銅」，這在當時是針對催眠術而言，到了現代，暗示（suggestion）除了暗示之外，還有意識上的建議（suggestion），甚至是各種同理、支持、鼓勵，或不被歸在「詮釋移情」的其它處理策略。

以這次研討會兩位來賓的論點來說，他們傳遞出來的是，就算原本有某些被當作是重要基本的準則，仍另有未被重視的positive部分，例如良善、快樂、幸福和慷慨等現象，這些都會出現在精神分析實作過程裡。雖然從論文和討論中也聽到，仍得回到原本的某些基礎概念，例如界限和節制，但如Bruce說明的，對於準則，要思考它們，而不是盲目地服膺，對於原本認為負面的想法，也要消化過它們，再決定做或不做。因此，我認為，本質上仍是在精神分析的基礎上，談論著彈性與其它面向，雖然這個基礎的內容，也會隨著時間演變和個人特色，而有不同的擴展或限縮。

如果以「分析的金、暗示的銅」的模式來說，意味著我們不可能只看「分析的金」和詮釋，尤其只認定「移情的詮釋」是唯一的焦點。在診療室裡，畢竟我們還做了更多其它的事和舉動，但被忽略了，例

如，我們沈默時、聆聽時，並不是什麼事都沒有做，
我們的心智仍是相當活躍，因此，除非有人相信，就
只有分析詮釋，沒有其它的，不然勢必得將我們的注
意力，也分心在原本不被當作核心技藝的內容，並注
意這些被以「分析的態度」或「中立的態度」看待，
而未能好好審視和消化的狀態。

　　沈默時，或者除了「詮釋」以外的其它狀態，是
需要有更多的觀察和語言的描繪，來擴展精神分析的
視野。雖然就實作來說，只是要我們注意原本被忽略
的領域，但有時候問題是出在理論和實作的落差；有些
理論，是難行的「境界」，例如，要如鏡子般反映個
案的心理世界，或者是no memory, no desire。不過也
可以說，這些說法只是標定出精神分析自我鼓勵的某
種目標，但如果嚴屬的「超我」有明顯的運作，卻可
能變成教條般的戒律，而不是作為值得探索的界限。
也許這也是理論學派間有衝突的重要緣由，意味著精
神分析本身，對於「超我」的處理仍有發展的空間，
畢竟，「超我」是多麼難以處理的人性啊！

兩端之間的想像

　　以下我列舉一些對比，若在理論或技術上，有著
兩端之間的論點，我都以「兩者之間」來想像它們的
狀態，意味著兩者之間有很寬廣的領域，可以觀察、

探索和描繪，作為擴展我們對於精神分析的想像。

　　一是，詮釋與注意力之間，有如比昂所說的attention
與interpretation。在診療室裡和個案互動的過程，我們
的注意力會放在何處？其實不論是否有做著古典式的
詮釋，只要我們有詢問、有投注注意力，就意味著我
們對於那個情境和事件有潛在的詮釋，差別在於「說
出來」和「未說出來」，我們的注意力會有不同的命
運。如果我們以為「詮釋」才是唯一的精神分析技
藝，會忽略我們也可能把注意力放在某些地方上，雖
然古老的訓示是「懸浮的注意力」或「自由飄浮的注
意力」，但這不能否認我們總在不同的瞬間，把注意
力停留在某些地方，不論短暫或是長時的專注。相對
於嬰孩的需要被注目，以及對於那些生命早年創傷失
落的個案來說，被「專注」甚至是成長過程必要的需
求。那麼要有多少自由或飄浮的注意力，就成為技術
上需要再重新思索的焦點，雖然什麼是「專注」，仍
有很大的想像空間。

　　二是，詮釋或同理共感之間。由於歷史的因緣，
讓詮釋和同理變成了好像難以共容的技藝，這裡所說
的「同理共感」，並非指一般口頭上施加小惠的說
法，而是某種深度地體會個案的困局矛盾或失落的境
界。Bruce特別指出，「同理共感」是值得再被視為重
要焦點，而不是只專注在「自體客體」（self-object）

的概念。只要我們專注在何種論點，就會影響我們在診療室裡，和個案工作時的方式和態度。相對於「詮釋」，「同理共感」是相對地被忽略了，但是它卻自己在長大，它將以什麼方式來展現自己？以說話或沈默？或者說話時，包括古典式的詮釋，也可以只著重傳遞同理共感，而不是期待有洞識感？這種強調，的確符合臨床的實情，畢竟實作上，大部分時間不是在做詮釋，而是其它的事情不斷地交流著；精神分析是否忽視了，佔據實作大部分的聆聽時間裡，發生了什麼事？有什麼潛在地交流著？這種忽視是令人驚訝的，我們嘗試發現並當作是重要的技藝。

　　三是，節制和彈性之間。相對於no memory, no desire，佛洛伊德所提出的「節制」（abstinence）是務實地承認，治療師的欲望必然存在。佛洛伊德後來的文章談夢時，也間接承認，分析師的存在對個案後來出現的夢，會產生影響。不論分析師是否有這種欲望，分析師節制想要治癒個案的欲望，是有它的道理，但被當作是教條時，就可能變成禁止有欲望，這根本是不可能的「境界」。

　　佛禪宗的「無我」境界，只有佛陀能達到，我們作為人，正視人會有欲望，只要對它有所節制就可以，這才是實情。不過仍有很大的空間會帶來爭議；在外顯出來的行動裡，要節制些什麼內容？要

多少程度的節制才是節制呢？勢必仍有很多的爭議，不過保持這些爭議的活絡和思索，反而讓精神分析有更豐富的可能性。我相信，這是一個永無止境的課題，也是精神分析在技術和態度上會更深入的所在。

四是，同和異之間。個案和父母的同異之間，或者精神分析不同理論間的同與異，如果只求共通點（common ground），勢必會讓那些不那麼共通，卻有特性或有個性的某些部分被埋沒。在比喻上，如同劇場中，同與異在舞台上共同演出，這是人的日常實情，但這讓情況變得複雜，不容易輕易找出它們之間問題和困擾的成因。又例如，從小被父親虐待者，後來因為虐待自己的小孩而來治療，但潛在心裡卻一直想要證明，自己和父親是不同的，他會特別強調相異之處。而我們為了從歸納法裡找出成因，傾向搜尋相同的地方，這很容易讓個案覺得，我們不在意他想要有的自主性；他從小就在心中吶喊著，「要和父親不同」，當這個心聲未被認真聽到，卻要他認同我們看見的「他和父親是相同」、「都會虐待自己的小孩」，即使這是一種洞見，效果也是很有限！接下來，他頂多就是重複說，「又對小孩生氣了」、「覺得很有罪惡感」，然後再抱怨父親當年如何虐待他。

五是，個體和群體之間。當我們過於著重個體主

義，強調個人要為自己負責時，基本上這是對的，但這需要很多假設做基礎；或者對很多事視而不見，才能推出這種簡化版，乍看好像是有道理的結論。當溫尼科特提出，沒有嬰兒這件事，有的是嬰兒和母親，而Kohut強調self-object，都意圖在個體的心理之外，提出個體是有內在客體關係，這會反映在外顯的人際或群體關係裡。是否要純粹以外顯的人際或群體關係作為觀察的焦點？這是另一件事，不過至少這是反映著，沒有個體這件事，有的是個體和群體。在這個觀點下，我們仍強調個人的深度心理學，但是至少不要忽略，群體和外在環境對於個體發展的重要性。

六是，「自戀」和「社會戀」之間。這是藉用比昂的說法。我們要傳達的內容有點接近前一項，個體和群體之間的多重可能性。不過，使用「自戀」，以及和它對立面的新創字「社會戀」，是讓這個指標和佛洛伊德以降的論點，聯結起遙遠的歷史因緣。另外，談論個體時，並不必然就是指「自戀」，但是如果只著重「自戀」，以這個因子來說明某些症狀和問題時，「社會戀」的因子可能就會忽略了；當個案能夠走出家門，來到診療室會談，光要做這件事，就很難是單純「自戀」的人可以完成。理論上假設，「自戀」是人性最基礎的成份，就算人格發展得很成熟，也會有自戀的成份，但就臨床來說，只是對「自戀」

有洞識和體會，是做不了什麼事，畢竟個案來到診療室，實情上就一直是自戀和社會戀共時存在，並影響著分析治療的過程。

並不是要推翻「自戀」這件事，但開始和母親或母親的乳房接觸後，自戀就不再只是自戀了，而是和「社會戀」開始交織，如比昂表示的，當「生的本能」投資在自戀，「死亡本能」就會投資在社會戀上，而當「生的本能」投資在社會戀時，「死亡本能」也會投資在自戀上；就臨床實作來說，兩者是依著不同比例存在於共同的時刻，我們需要同時兼顧兩者。

一般常會出現「自戀」的說詞，但是對於「自戀」，我們根本無門可入，就算我們看見了並大聲喊它的名字，我們仍是無計可施，如果對方真的夠自戀的話。我們只能知道，我們一定是「自戀」的手下敗將，唯有「社會戀」的存在，才讓我們有機會和個案搭起合作的可能性。

七是，「真我」和「假我」之間。一般人常是期待不要有「假我」，要追求「真我」，不過，溫尼科特從「自我防衛」的角度，想像「假我」和「真我」的關係時，他主張「真我」是一股活生生的力量，是接近生之本能的衍生物，是讓人活得有真實感的重要基礎，但「真我」卻手無縛雞之力，需要「假我」隱

含的「自我」運作來保護「真我」，雖然也可能會因為保護過頭，而淹沒了「真我」。

一般人理解「自我防衛」時，無法深度體會殘留下來的防衛的遺跡，是如同千百年的古蹟，當我們為了建設發展而挖掘到古蹟時，依目前的觀念是需要好好地研究，想像如何保存，或者移到它處，還是最好的方式是把它們再度掩埋起來？這涉及了當代的文化概念，在發展建設和保留古蹟之間，曾經歷了爭論而妥協後的結果。

八是，缺點和優點之間。台灣故宮收藏的翠玉白菜，依Bruce的說法，是在最美麗的翡翠綠之外，也有著白色的缺陷，但是好的藝術家依著缺陷而設計，作工精細地創造出一顆翠玉白菜。佛洛伊德也曾以雕刻和繪畫的比喻，談論精神分析的工法；如果只是一直注意著負面事項，尤其是負面的移情，另一面的現象就相對被忽略，而無法看到玉石原本的優缺點，著手讓它發揮出最美麗的成果。雖然這麼想，可能會和精神分析強調的，不涉進或保持中立的態度有所相違。

Salman Akhtar則呼應，要注意良善、幸福和慷慨這些面向，這和一心一意要藉由詮釋，把負面拿掉以保有良善的作法，是有所不同。畢竟有些缺點和空洞是永遠如此了，不可能把它們弄掉，例如因意外缺了一隻手的人，就算有了義肢，還是無法怯除缺手的事

實，但不必然要他們一直正視自己缺手的事實，而是同時在這個缺陷上有新的建設，並思索如何面對空缺的遺憾，甚至讓缺憾變成某種失敗的美學。

九是，以我了解的佛禪宗故事，說明對這次研討會的收獲和聯結。我原本有的想法，「有不礙空、空不礙有」，這個公案在這次研討會過程裡，有了更踏實的基礎可以想像。不過我無意一下子就把這個概念搬進來，好像要取代精神分析深度心理學的豐富成果。

有宗和空宗的論爭：人生是「有」，還是「空」呢？為什麼說，人是空手而來，死了也是空，帶不走任何東西呢？人生過程，的確有很多人事物的圍繞或擁有，哪一種才是人的實性？他們爭論多年後，有了「有不礙空、空不礙有」的說法，看來像是妥協的結果，不過這種妥協卻開展出進一步的人生態度，「有空不相礙」。這個概念和體會，如何和精神分析在意的視野，正向與負向、愛與恨、善與惡、好與壞、生與死等人性課題相聯結？仍需要我們再想像和觀察，畢竟，精神分析處理的方式，和佛禪宗的方式是很不相同的。

最後，我想提出「境界」的問題。我曾在研討會的過程裡提出這個命題。兩位講者提出的概念，尤其是Bruce所強調的「彈性」，我的理解是，在原本嚴謹

甚至是嚴格的結構下，逐步在臨床經驗裡累積著彈性的可能性；畢竟仍是在精神分析的領域談論著彈性，和其它學派一開始就以彈性起家，是有所不同，至少我是這麼想的。我甚至認為，彈性而不踰距，是人生很高的「境界」。另外，我覺得強調「節制」是更困難的過程，也就是需要某種更高的境界，而不是宣稱我們已能隨心所欲或順心如意地做到。雖然Bruce和Salman　Akhtar在文章裡強調，這些彈性需要再多用心想想和體會、或empathy。這也是我何以在會內活動最後一場時，對Bruce說，佛洛伊德當年坐輪船去美國時，對同船的友人說，他是帶著瘟疫去美國；事實是，美國的精神分析發展出自有特色的經驗和概念。而Bruce來台灣的演講，是否也替台灣帶來了瘟疫呢？後續回應值得再觀察。感謝林俐伶精神分析師邀請他來台灣，也感謝「臺灣精神分析學會」和松德院區對這項活動的支持。

團體心理治療，曾是我們共有的文本

楊添圍

　　這本書誕生前後，正好遭逢臺灣Covid-19疫情重大波動。看到初稿之後數天就進入三級警戒，絕大多數人面臨社交生活被迫減少的日子，終於感受到近似國外所謂封城（lockdown）狀態。但是，人的距離，又奇幻地在網路社群裡復活，似乎只要存活在網路裡，就可保持安全距離，又有聯繫。許多先知又宣稱，通訊診療、通訊諮商、通訊治療，將成為未來的主流等等。對我而言，看完初稿後，原本有些片段的文字和感覺，好不容易在本文最後完成前，撿回來了一大部分。

　　住院醫師階段，有兩段團體，或是團體心理治療的經驗。一個，是蔡榮裕醫師帶著我同屆住院醫師的心理治療督導團體，或是，現在想來，也很難命名的團體。這個團體，因為沒有制式的主題，所以每次都有特殊的張力，至今無法遺忘當時的焦慮和不確定

性，但主題在討論什麼，具體對話內容是哪些，卻都不復記憶了——留存記憶的感受，十分強烈。無以名之，仍舊強烈。

　　另一個團體，是相當具結構式的Yalom團體。陳登義醫師督導，每週1到2次，從病房裡選出8位病人，進行團體心理治療。每次，陳登義醫師會問，為什麼選這個病人，他今天團體的治療目標是什麼？這和他目前住院的治療計畫有何關聯？和住院的主要問題有何關聯？今天又做到多少？下次要怎麼辦？你今天有注意到哪些here and now的議題，還是都在處理then and there？團體外的議題，如何帶進團體內來互動和進行團體心理治療？

　　早年的住院醫師，就在這兩個團體經驗裡擺盪。有一天，我就向蔡榮裕醫師提出一個不倫不類，但是自覺還有點意思的比喻。我說，心理治療，有些人練內力，有些人練劍招，很像《笑傲江湖》裡華山派劍宗和氣宗的分別。我受兩派教導，反而常常覺得武功使不出來。

　　另一種團體經驗，團體時大時小，但是更加非正式。1993年4月，和許多同事，到上海參加「環太平洋精神醫學會」。陳登義醫師、我和游正名醫師一晚避開人潮與餐敍，到和平飯店一樓酒吧，無意間遇到著名的老年爵士樂團表演。到底談了什麼，也忘了，但

是當時不勝酒力，卻喝了一杯愛爾蘭咖啡，可能也講了很多話吧？而這個解放前就曾在上海表演的舊政權遺跡，滿頭白髮的老樂手們和當天的情景，卻讓我留下了最深的記憶。

數年之後。各式各樣團體裡的人，當然各自走個別的路。我走司法精神醫學，後來有時只剩下行政，僅保存稀少的醫療業務。很多人離開松德，各處發展。年度的聚會，或是忘年會，往往成為既例行又療癒的團體聚會。

之後真正遭遇到極其講究招術的人，才會發現，陳登義醫師絕對不算劍宗，蔡榮裕醫師也不能只算氣宗，我們共有的文本，是曾經有的文本，還是我們想要有的文本呢？還是，在當時的認識之下，自以為是，或是自己編製成的文本呢？

2017年7月，有機會再度拜訪和平飯店酒吧，感動地發現，老團長依舊搖擺吹著薩克斯風，更慶幸再次脫隊，自己一個人可以享受獨處和回憶。最後，帶著點醉意回到飯店，覺得一切值得。

網路會提醒你留下文字、照片或影像的日期，而且利用數學運算，定期提醒你，演算法甚至可以創造你的偏好。但是，視訊或電話，就算可以捕捉更多，可以捕捉當時的微醺或焦慮嗎？如果當時的文字和對話本身，不一定具有絕對重要性，那麼可以留存在記

憶裡的，又是什麼？

　　當時的團體，所謂的文本，是未分化的我們，還是自戀自閉的我們？或許，這就是作者關切、長期深究的主題。後來的文本，這麼不容易建立，是不是我們都各自分化了？這就不得而知了。在逐漸降級之際，科技的力量，確實填補了諸多以往無法繼續的人際互動，也改變許多未來的互動，但是，也讓留白的機會，獨處的機會，更加稀少。那些過去存留，現在捕捉不到的部分，就算不是失去，也可能是永遠地改變了。

　　最後，要向陳登義老師，我的團體心理治療，司法精神醫學的啟蒙者，致上深切的敬意。我選擇（相信是我自主地選擇）的分化，次專科，應該還是在和平飯店微醺時，對未來的一點點夢想吧。

楊添圍

台北市立聯合醫院松德院區院長
臺灣精神醫學會理事
台灣司法精神醫學會理事
臺灣精神醫學會司法精神醫學學術委員會召集人

關於「創傷與精神官能症」：精神分析對團體心理治療的想像

內心荒涼地帶起風了

作　　者｜蔡榮裕

執行編輯｜游雅玲

校　　稿｜葉翠香

封面設計｜楊啓巽

版面設計｜荷米斯廣告設計有限公司

印　　刷｜侑旅印刷事業股份有限公司

出　　版｜Utopie無境文化事業股份有限公司

地　　址｜802高雄市苓雅區中正一路120號7樓之1

電　　話｜07-3987336

E - m a i l｜edition.utopie@gmail.com

初　　版｜2021年 9 月

I S B N｜978-986-06019-6-1

定　　價｜380 元

國家圖書館出版品預行編目（CIP）資料

內心荒涼地帶起風了：關於「創傷與精神官能症」：精神分析對團體心理治療的想像 / 蔡榮裕著.
-- 初版.--高雄市：無境文化事業股份有限公司,2021.09 面；公分.ISBN 978-986-06019-6-1(平裝)
1.心理治療 2.團體輔導 3.精神官能症 4.創傷　178.8　110014258